云南大学"双一流"建设经费资助

云南大学新闻传播教材系列

丛书主编　廖圣清

广播电视采访与报道

Radio and Television
Interviews and Reports

徐明卿 ◎ 编　著

复旦大学出版社

云南大学新闻传播教材系列

编委会

主　编　廖圣清
副主编　左小麟
成　员　（排名不分先后）
　　　　　赵净秋　陈静静　黎　藜
　　　　　金晓聚　徐明卿

总序

无论就学科建设还是人才培养而言,教材的重要性不言而喻。教材是旗帜,教材是方向。对于舶来品的中国新闻传播学科来说,教材的重要性尤为突出。它既关乎中国特色新闻传播学学术体系、话语体系的建构,更关乎为党和国家、人民培养卓越的新闻传播人才。

当然,教材的撰写极为不易。它是教研相长的结晶,对作者的教学水平、科研能力,都提出了极高的要求。教材需要语言简洁、体系完备的阐述理论、研究方法和案例,需要以读者为本位,互动、有效地引导读者进阶阅读、深入思考。对于读者来说,一本优秀的教材,可谓亦师亦友。

伴随改革开放的历史进程,中国新闻传播学科得到了长足发展,从1997年二级学科新闻学上升到一级学科新闻学与传播学已20多年,学科分支多样、研究百花齐放,教材从译介到自建,异彩纷呈。然而,无论是理论研究还是方法训练,中国新闻传播学科都尚存很大的提升空间,并亟需加强教材的建设和发展。尤其是,在移动互联网、媒介融合的大数据时代,新文科建设的背景下,中国新闻传播学教材建设面临更新换代、再上层楼的挑战与机遇。

呈现给读者诸君的这套丛书,是云南大学新闻学院的首套新闻传播学教材。这套教材的出版,充分体现了云南大学新闻学院教师团队迎难而上,与学界同人共同推进中国新闻传播学教材建设的努力与担当。

云南大学新闻学院,是云南历史最悠久的新闻传播教育机构,是中国西南地区新闻传播学教学、科研的重镇,1980年代开始设立本科专业,目前拥有新闻学、广播电视新闻学、网络与新媒体本科专业,新闻传播学一级硕士学位点,文化传播二级博士学位点。新时代,云南大学新闻学院,凝聚"民族传播""环境传播与健康传播""南亚东南亚国际传播"三个学科发展方向,不断提升教学、科研水平,持续为中国特别是西部地区培养卓越新闻传播人才,努力以这三个学科发展方向构建传播与国家发展理论体系研究,服务国家战略、云南等边疆区域经济社会发展。

这套教材,是以年轻人为主体的云南大学新闻学院教师教学、科研的成果。

云南大学新闻学院,有一支以年轻人为主体的优秀教师队伍。他们大多在国内外名校取得博士学位,具有海外访学经历,理论基础扎实,科学研究能力强。尤为让人敬佩的是,他们安心教学、科研工作,长年在西部边疆为中国新闻传播教育事业默默耕耘。这套教材,是对他们的敬业、能力和付出的优良展示。虽然,教材的编撰,对年轻人来说,是巨大的挑战;但是,"未来属于青年,希望寄予青年"!

这套教材,是云南大学新闻学院坚持教学改革、创新的成果。

在中国人民大学、中国传媒大学、复旦大学等著名大学新闻院系的关心和帮助下,顺应移动互联网、大数据时代对卓越新闻传播人才的国家要求、人民期待,云南大学新闻学院坚持教学改革、创新,组织全院教师学习、研讨,对标著名院系的人才培养方案,修订、出台新的本科生培养方案。新方案,强调博雅教育,更加重视基础理论与研究方法课程的设置,以培养学生广博的学术视野,夯实学生扎实的新闻传播学理论基础,有效训练学生的科学研究能力。同时,新方案着重扩充了两类课程群,一是以数据科学为代表的新文科课程,二是以南亚东南亚国际传播为代表的区域特色课程,以满足新文科建设背景下文科与理工科交叉的复合型人才培养的需求,以及服务国家战略、区域经济社会发展的卓越新闻传播人才培养的需求。

这套教材,是云南大学和以复旦大学出版社为代表的社会各界,对云南大学新闻学院关心、支持的成果。

云南大学,作为著名的综合性大学,学术底蕴深厚,一直重视新闻传播学科发展,入选"双一流建设"计划之后,对新闻学院、新闻传播学科的建设尤为重视、大力扶持。本套教材的培育、出版,得到了学校双一流建设项目的经费资助。复旦大学出版社,作为国内著名的高校出版社,最早、系列出版的新闻传播学教材,在中国新闻传播学界享有崇高的声誉。复旦大学出版社社科编辑部,从选题策划到编辑出版,对本套教材给予了高度的关心和帮助,对西部新闻传播教育充满深情厚爱、无私支持!

一套教材,从无到有,是历史的突破,是各方支持的成果。一套教材,从有到优,更需各界一如既往的关心,集思广益帮助完善教材的修订和选题的甄选。我们衷心期待获得读者诸君对本套教材的批评指正!让我们共同为新时代中国新闻传播学科的教材建设,贡献绵薄之力。

是为总序!

廖圣清

云南大学新闻学院(南亚东南亚国际传播学院)院长、教授、博导

复旦大学新闻学院教授、博导

2021年8月29日

前言

广播电视采访与报道在新闻传播活动中具有非常重要的作用,同时它在新闻传播类专业教学中处于基础性的地位,有助于树立学生的专业意识,培养学生的专业能力。本教材主要讲解广播电视采访与报道的基本原理、方法和技巧,内容上围绕广播电视采访与报道的主要环节展开,涉及广播电视的传播特性、文本特征,以及采访理念和具体的方法,注重实践操作与能力培养。同时,本教材贴近当下的媒体环境,融入全媒体采访背景,使学生能够了解和基本掌握新媒体发展背景下对采访工作的新要求。学生通过学习本教材,能够真实、准确、清晰地传达新闻事实,明确采访主题,选用合适准确的报道方式,提高广播电视新闻的采访能力与报道水平。

本教材主要依托编者多年来从事"广播电视采访与报道"课程的教学实践,该课程入选云南省第一批一流课程,同时获得云南大学本科教材建设项目立项,希望教材的出版能够将教学实践进行系统化的总结与提炼。教材以知识讲授和案例评析为主,突出讲练配合,力求达到理论与实践的结合。教材编写的主要目的是让学生能够在理论指导下进行采访报道活动,深化新闻理念与专业意识,了解广播电视记者的工作性质和社会责任,掌握扎实的工作技能,为提升综合业务能力打下基础。同时,本教材以历史唯物主义的观点和方法去观察、思考社会现象,提高学生对广播电视事业的认识,为其他课程的学习打好基础,并帮助学生在实践中树立广播电视新闻记者的工作意识。

在编写过程中,本教材参阅、吸收了大量的研究成果,在此一并感谢。编者水平有限,深知在广播电视采访教材编写方面有诸多珠玉在前,恳请专家学者批评指正。

目录

绪　论 ……………………………………………………………………… 1

第一章　广播电视采访报道的共性与个性特征 …………………………… 8
　　第一节　新闻采访报道的共性特征 / 8
　　第二节　个性特征：多样化的表现符号与表现手段 / 21

第二章　记者：广播电视采访与报道的主体 ……………………………… 30
　　第一节　广播电视记者的工作职责 / 30
　　第二节　广播电视记者的素质与修养 / 35

第三章　新闻线索与新闻选题 ……………………………………………… 49
　　第一节　新闻线索 / 49
　　第二节　获取新闻线索的主要渠道和方法 / 53
　　第三节　新闻线索的评估和利用 / 60
　　第四节　广播电视记者采访工作中的选题原则 / 65

第四章　广播电视采访的方式和方法 ……………………………………… 79
　　第一节　采访的方式和方法的分类 / 79
　　第二节　受访动机与采访方式的选择和运用 / 88

1

第五章　记者提问与记者出镜 …… 100

第一节　电视记者采访提问 / 100

第二节　电视记者的现场出镜 / 105

第三节　记者现场介入方式和技巧 / 113

第六章　电视采访的现场取材 …… 120

第一节　电视新闻采访的现场取材 / 120

第二节　电视采访现场取材的主要内容 / 123

绪 论

习近平总书记在2016年2月19日党的新闻舆论工作座谈会上强调:"党的新闻舆论工作是党的一项重要工作,是治国理政、定国安邦的大事……坚持正确政治方向,坚持以人民为中心的工作导向,尊重新闻传播规律,创新方法手段,切实提高党的新闻舆论传播力、引导力、影响力、公信力。"[1]同时,习近平总书记指出:"在新的时代条件下,党的新闻舆论工作的职责和使命是:高举旗帜、引领导向,围绕中心、服务大局,团结人民、鼓舞士气,成风化人、凝心聚力,澄清谬误、明辨是非,联接中外、沟通世界。"[2]广播电视作为我国新闻舆论工作的主力军,也亟须结合时代背景和现实语境认清自身的责任和使命。

一、深化新闻价值　促进社会共识

在传统媒体所表现出来的与新媒体融合的趋势中,我们惊喜于其中的机遇,但也需要警惕其中隐藏的问题。媒介融合的前提在于对自身媒介属性及创新传播的目的的深刻把握,如果盲目抛弃自身长处,模糊广播电视的媒介属性,那么就容易迷失自我。新媒体的蓬勃发展以及"互联网+"理念的广泛推广在更深层意义上为电视认知自身的媒介形态和身份属性提供了参照体系。

媒介融合包含了对技术、产业、文化和社会变迁的关注,包含了技术融合、经济融合、社会或机构融合、文化融合和全球融合。[3] 在实践层面,广播电视作为大众传媒的突出代表,在我国的文化建设中发挥着重要作用,在与新媒体的

---

[1] 《习近平在党的新闻舆论工作座谈会上强调　坚持正确方向创新方法手段　提高新闻舆论传播力引导力》(2016年2月19日),学习强国,https://www.xuexi.cn/4c237923fe050e6644cea99a92301854/e43e220633a65f9b6d8b53712cba9caa.html,最后浏览日期:2022年12月8日。

[2] 同上。

[3] 转引自秦红雨:《不可忽略的文化维度——媒介融合的现状与反思》,《编辑之友》2012年第8期。

竞合中也在积极尝试与探索,尤其在创新生产方式、拓展传播渠道、挖掘受众、提升影响力等方面作出了努力,逐渐构筑成以传统广播电视传播优势为基础的新的传媒业态。

广播电视发挥舆论引导的基础是受众对其媒介形象的认同,是受众对其传播内容的认可。引导受众参与是实现价值认同的前提,只有具有较高品质的新闻才有可能获得受众的信任,因而,一个媒体的公信力表现在新闻品质、专业素养、影响评价等多个层面,其具体的指向就是受众对其具有较高的信任感和依赖性。换句话说,如果新闻传媒于受众中建立起较高的公信力,其通过新闻传递的价值观将会成为受众思考与行动的指南。广播电视采访与报道活动用与大众紧密相关的话题吸引大众参与互动,媒体的职责决定其不能完全放任大众进入公共事务的讨论,而是要始终伴随大众并引导大众建立符合社会需求的价值观念,所有参与互动交流的个体也都可以共同分享此价值观念。新闻不仅要反映社会问题,更要调节社会,自觉担当社会各成员之间沟通的桥梁。"大众媒介通过两种重要途径来渗透日常生活。首先,与各种媒介的接触规定了大多数人的主要闲暇行为;第二,对多数人来说,这种接触成了他们了解并解释社会与政治进程的主要信息源,也是建构自我表现方式和一般生活方式的映像与启示的主要来源。因此,大众媒介表现为可得意义的重要储存库,人们通过它不断尝试去弄清楚自己的社会情境,并找到服从或反抗的方式。"[1]新闻媒介将社会各成员的意见信息"中和"起来,再现于其自身搭建的信息传播平台上,为促进社会认同奠定了基础。

"一种媒介不是某一种文化借以发挥作用的中立机构,由于其特殊方式,它是价值的塑造者,是感官的按摩师,是意识形态的倡导者,是社会格局的严密组织者。"[2]广播电视是当下最普遍的媒介之一,其新闻传播成为建构大众生活中共同符号环境的主流。"每一种话语都熟悉并代表一系列具体的利益"[3],广播电视新闻最为可行的报道策略就是实现其话语建构的模式化呈现,因为只有这样才能更好地将新闻事件融入符合主流意识形态的传播中。

---

[1] [美]格雷汉姆·默多克:《大众传播与意义的建构》,载罗杰·迪金森、拉马斯瓦米·哈里德拉纳斯、奥尔加·林耐编:《受众研究读本》,单波译,华夏出版社2006年版,第221页。
[2] 罗钢、刘象愚:《文化研究读本》,中国社会科学出版社2000年版,第230页。
[3] [美]罗伯特·艾伦编:《重组话语频道:电视与当代批评理论》,牟岭译,北京大学出版社2008年版,第40页。

二、强化社会共识的修辞

我国广播电视新闻文本(尤其是重大事件的新闻文本)的话语模式呈现明显的媒介仪式特征。观众在观看新闻时会被召唤进仪式的过程中去接受其中传递的思想体系,这一特征最大的功能是实现主流意识形态的整合,而媒体成为这场媒介仪式的宣传者。广大的受众通过接受电视媒介符号,参与某些重要的公共活动或盛大事件,最终呈现一种表演性和象征性的文化实践行为。仪式具有理解、界定、诠释和分析各种事件的可能性。① 仪式作为一种社会行为具有广泛的社会意义,它的主要目的是进行群体之间的沟通以维持群体的公共秩序。在具有仪式性的电视新闻话语建构中(如盛大的节日性新闻报道、灾难性新闻报道等),存在诸多具有象征意味的符号,这些符号也是主流意识形态生产传播的关键。"人类和象征是紧密相连的,人类依赖象征和象征体系,以至于这种依赖决定着他的生存能力。通过仪式,生存的世界和想象的世界借助于一组象征形式而融合起来,变成同一个世界,而它们构成了一个民族的精神意识。"② 詹姆斯·凯瑞(James W. Carey)提出仪式性的传播模式,指出在以传输为视角的传播之外还存在仪式视野下的传播。传播的仪式观摒弃了以传播为核心的信息辐射方式,将研究重点放在"召唤"上,即以传播形成人的聚合。"传播的仪式观不是指空间上讯息的拓展,而是指在时间上对社会的维系,它不是指一种信息或影响的行为,而是共同信仰的创造、表征与庆典,其核心则是将人们以团体或共同体的形式聚集在一起的神圣典礼。"③ 通过以团体的方式聚集个体,传播最终的目的是达到社会整合。"传播最原初、最高级的表现不在于传送睿智的信息,而在于构建和维系一个有序、有意义的,作为人类行为控制器和容器的文化世界。"④ 媒介仪式是大众通过大众媒介的传播参与集体活动或参与某一集体事件,最终形成具有象征性符号的过程。这对于阐释主流意识形态的电视符号化建构与整合性呈现具有启发意义。

---

① 彭兆荣:《人类学仪式的理论与实践》,民族出版社 2007 年版,第 1 页。
② 转引自孙信茹、朱凌飞:《都市中的"媒介仪式"——文化人类学视野中的媒介传播研究》,《全球信息化时代的华人传播研究:力量汇集与学术创新——2003 年中国传播学论坛暨 CAC/CCA 中华传播学术研讨会论文集(上)》,2004 年。
③ [美]詹姆斯·W. 凯瑞:《作为文化的传播》,丁未译,华夏出版社 2005 年版,第 28 页。
④ 同上书,第 19 页。

社会性是人的本质属性,社会规范就是人进行社会活动的行为规矩与准则,具有稳定性、规范性特征,其本质是对人们的社会关系的具体化反映。电视新闻将镜头对准大众,经过对大众采访的选择、删减、编辑直到节目播出,实现了一个社会规范建构的符号化、意义化过程。在对不同民众的回答筛选中蕴藏了深刻的价值判断标准,如有学者对中央电视台"幸福是什么"为主题的"海采"进行了细致的文本分析,结果表明,出现在电视屏幕上的147名民众的回答中,正面回答占58.71%,负面回答占3.87%,其余皆是较为中性的答案。① 信息选择过程构建出了大众化规范化角色以及规范化行为的塑造,完成了对社会主流价值的引领与构建,达到了建设规范化社会的目标。

传统的广播电视新闻话语习惯"以'先验性'的概念和抽象的表达,代替'劝服性'的修辞和语言策略"②,新媒体利用"渠道"优势将主流价值蕴藏在大众话语中,促进了民众文化与情感认同,成功实现传播策略的转变。中央电视台"海采"一系列的选题从本质上体现了中国传统的价值规范与道德认知,主题先行式的采访从更深层的角度说是一种观念的表达以及价值规范的建构。围绕着"幸福""和谐""孝道""爱国"等关键词的讨论由电视平台延展到社交媒体平台,形成特定的意义传达,在后续社会大众的共识性解读中,进一步彰显浓厚的社会意识和民族意识。

唯有社会大众对特定的社会发展、秩序、规范、价值形成"合意",整个社会才能呈现和谐稳定的发展状态,不断进行社会化实践的大众的价值理念、行为方式才具有规范性的判断标准,如此才能构建真正意义上的和谐社会生态环境。形成社会"合意"是舆论引导的重要目的,电视"海采"通过具有象征性的主题向大众提问,又在大众面前给出"答案",其比一般的新闻信息传播更具普遍性和规范性意义。通过电视,新闻传播者与大众之间对社会及个体的发展状况形成了共同的基本假设,此假设包含着对社会价值、利益、个体生存等的一般性看法,并传递给更加广大的受众群体。虽然上述的道德理念在我国具有传统意义的价值规范,但是只有这些概念性的表述获得"社会化"的"合法性"才能成为"合意"。

---

① 黄海燕:《"你幸福吗?"为何受质疑》,《新闻记者》2012年第11期。
② 徐国源:《新闻:从改变语态开始——兼评孙玉胜〈十年〉及央视新闻理念探索》,《中国电视》2006年第11期。

社会"合意"一旦达成,"共识"就会变成大众对原初事实进行符号化的框架,而且透过这个框架大众对不同社会事件一再作类似的诠释,将其内化为理解世界的观念法则和结构体系。这种观念法则和结构体系支配大众产生相应的思想意识,同时还会促使其产生与之相应的实践行为。广播电视采访和报道的社会价值建构功能体现为:将具有民众心理文化基础的价值观念凝聚为讨论主题,将已经存在的民族传统"共识"转化为大众对社会、个体进行表达的"意义化"框架,通过广泛的传播再将此框架内化为广大民众看待世界、认识社会与自我的观念法则。简单地说,在传统媒体时代中呈现的宣讲式价值灌输,在新媒体时代中转变为以大众话语及文化共识为核心的情感式认同,生硬单调的模式化新闻报道与舆论宣传转变为大众、客观、公平、亲切的大众话语,用真实及饱含深情的话语实现舆论引领及价值引导。

"电视文化应该是一种话语多元的文化,一种阶层与阶层、主流与边缘、民族与民族、国际与本土等多方面相互补充、相互参照的并存、互动的文化。它承认所有人的文化权利,它尊重人们所有的精神需求。"[1]按照媒介环境学的观点,社会、媒介、大众之间存在着密切的关系,大众生活在媒介构筑的社会环境中,媒介反映的价值理念、舆论观点深刻地影响着大众的思想观念与行为方式,进而产生诉诸社会的作用力。从广播电视新闻传媒本身来看,通过探求民意、表达民意、聚合民意实践着传媒公共理性,实现了对传媒环境的优化及传媒文化的改善。

三、媒体融合深化广播电视传播格局

媒体融合语境下的电视新闻在突破传统新闻传播理念与方式的同时,也为传媒与社会、大众的互动关系带来新的契机与动力。目前,我国电视格局主要分为国家电视台(中央电视台)、省级卫视和城市电视台。中央电视台和各省级卫视基本构筑了当前我国家庭收视的主体,前者作为国家电视台以政治宣传和主导文化为主要表达内容,后者从表面看虽然形式各异,节目内容也不可谓不丰富,但是由于缺乏较为清晰的差异性定位,同时毕竟面向全国受众,其内容表现和文化形态更多具有共融性和同质性。

---

[1] 欧阳宏生:《认知与认同:中国电视的文化身份》,《国际新闻界》2007年第6期。

城市电视台在这一格局中往往具有较为独特的地位和作用,需要加以探讨和重视。在传统媒体时代,城市电视台的地位较为尴尬,一方面受传播范围限制无法获得更为广阔的广告资源,另一方面其节目水准不具竞争力,对受众影响有限,发展一直比较缓慢。相对国家级和省级电视媒体而言,城市电视台的内容则更具地域性和差异性,而其中最具粘合度和影响力的节目集中在民生新闻类节目上。民生新闻的出现和发展很大程度上增强了城市台的活力——立足本土,紧密捕捉本城市的脉动,以更为贴近的视角去关注百姓民生,进而积累了一定的媒体口碑。城市电视台囿于传媒体制,只能局限于本市地域,不管在传播力还是从拓展经营范围上,都有较大的限制。新媒体为其带来了机遇,通过打造新媒体平台,一定程度上缓解了区域弊端。一是可以利用互动机制让受众参与节目,进一步发挥亲近性优势,绑定本地受众,甚至挖掘用户,深化媒体的品牌价值;二是可以通过新媒体将优质的节目内容传播到全省甚至是全国,提升声誉度,也可以吸纳更多的广告资源。不同的媒体身份被赋予了不同的功能定位,也表现为不同的文化指向。新兴媒体的蓬勃发展打破了传统媒体时代的信息垄断,使得信息传播更加公开透明,对施政者和管理者的执政水平与管理理念都提出了更高的要求。城市电视台以本土性的优势融入新媒体,以服务作为重要的诉求手段。

昆明广播电视台的民生新闻品牌《街头巷尾》自2005年开播以来,走过了十多个春秋,"倾听民意,关注民生"成为其坚定的媒体定位和价值追求。近年来,该民生栏目在引导市民培育健康和谐、文明有序的城市理念方面发挥了重要的作用。例如,其在2015年圣诞夜的舆论引导中表现就比较突出。往年的平安夜,数万人都会聚集在市中心商圈狂欢庆祝,而庆祝人群肆意喷洒人造飞雪、随意丢弃垃圾等不文明行为屡屡发生,使本该热闹祥和的节日氛围变了味。如何引导市民文明安全过节,既保有热烈欢乐的节日氛围同时又不损城市形象,这不仅是政府管理部门的重要课题,也是媒体做好舆论宣传和积极引导的题中之义。对此,《街头巷尾》提前进行议题设置,联合本土的昆明信息港、掌上春城等新媒体平台进行策划引导:一是观念宣传。"开心不疯狂,文明过圣诞""平安健康过圣诞,拒绝不文明"等一系列报道大力倡导文明理性的节日理念。二是科学普及。通过报道"'喷雪'暗藏危险 一点即燃"的消防实验告知广大市民人造雪花喷雾存在的安全隐患。三是意见交流。反映民众的态度以及商圈安保相对应的措施,如"喷雪狂欢不受欢迎　各大商圈积极应对"等等。通过媒体的配合宣传和积极引导,在2015年的平安夜并未出现"喷雪大战"的景象,在营造良好、文明、欢乐的节日氛围的同时,也传播了更为健康的城市形象。可见,地方性媒体在服务政府管理、推动城市发展方面的作用在媒体融合时代不但没有减弱,反而是越来越重要。

当前,电视与新媒体的融合发展最为核心的目的就是增强"传播力、影响力、公信力、引导力",这既是基于当前舆论工作的现实回应,也是构建具有主体性身份的必然路径。首先,必须明确意识形态属性和职责性质定位,这是核心也是保证,更是电视身份的集中体现。其次,在具体实践中需要不断创新理念,"成风化人、凝心聚力",强调方法与效果,需要深刻领会并把握当前社会大众信息接收的变化,达到"润物细无声"的效果——以生动的事实代替生硬说教,以鲜活的语态传递观念,这背后折射了电视新闻人对舆论引导功能的积极创新与深入实践。

总之,新闻在传递信息的同时,也提供了认知框架,要实现中华民族的伟大复兴,需要统一思想认识,而新闻宣传和舆论引导极为重要,这也是为何强调新闻舆论工作事关安国定邦的原因。广播电视作为我国主流媒体,必须主动参与并有效发挥作用,尤其基于其长期建立起来的权威性和公信力,这也是其在媒体融合中进行创新发展的时代使命。

第一章　广播电视采访报道的共性与个性特征

电视是我们日常生活中最熟悉的一种媒介,在牛津大学和路透社新闻研究所2015年联合发布的数字新闻年度报告中提到:在全球范围内,电视仍然是人们接触新闻的最主要方式。就采访而言,在电视出现以前,新闻行业就已经形成了一套成熟的采访活动方法和原则。

纸媒记者、广播记者、电视记者的采访活动的主要区别在于对事实的呈现方式。纸媒记者用文字呈现事实,广播记者用声音呈现事实,电视记者则用声音、画面综合呈现事实,传达给受众的信息最为全面。作为电视记者,在采访活动中也必须遵循已有的一些共性规律、新闻行业长久以来所倡导的价值理念。因此,电视与纸媒在采访活动中存在许多共性特征。

在此基础上,电视因其呈现事实的方式有所不同,在采访活动方面有其特殊之处。例如,电视记者的镜前采访,要求记者不仅做好幕后采访的工作,还要求记者有上镜的表现力,而类似现场采访和访谈的节目形态,则使得采访过程直接变成最终的新闻产品。这些都决定了电视新闻采访对从业者的要求更高,在掌握共性的采访活动规律之外还需要兼顾电视采访的个性特点。

第一节　新闻采访报道的共性特征

一、肩负采访使命

采访是记者的工作,采访使命就是记者的使命之一。职业记者根据所供职的新闻单位的性质,大多长期耕耘在一个采访领域,例如财经记者、战地记者、民生新闻记者等,不同领域的记者对于采访使命往往有不同的答案。但无论在哪个国家,身处怎样的新闻体制中,记者都有一个共同的采访使命,那就是忠实地记录当下。记录当下的意义在于记者的采访报道不仅会对当下造成影响,还会成为历史研究以及当代社会发展研究的文本资料。例如,新闻媒体在日常生活中发挥着监督的作用,通过报道对社会上某些组织或个人的违法、违纪、违背民意的不良现象及行为进行曝光和揭露,以达到对其进行制约的目的。许许多多的舆论监督报道本身也会成为记录中国反腐败斗争的历史文本资料。

记者这一职业从诞生之日起就拥有了比任何大文豪更多的读者,理解文学家的文字常常需要很高的门槛。记者因为其采访与普罗大众的生活息息相关,而且记者的文字力求简洁明了,方便大众理解,所以记者在社会上拥有比其他任何文字工作者更大的影响力,被尊为"无冕之王"。广播电视采访的记者和报纸记者的不同之处在于,报纸记者通过文字呈现采访所得的材料,而电视记者要通过画面和声音呈现采访材料。

完成使命需要高度的责任感,记者履行自己的职业责任是完成使命的前提。2020年,中国武汉遭遇新冠肺炎疫情袭击。在疫情防控这场没有硝烟的战斗中,有一群勇敢逆行、冲锋在前的湖北媒体人,他们第一时间进入全员战时报道状态,冒着随时被感染的危险,深入防疫一线最核心的区域,用手中的笔、话筒和镜头,记录疫情防控的最新进展,传递客观专业的一线信息,为打赢这场战役凝聚信心和力量。

《湖北日报》政治新闻中心副主任张泉为了采访火神山医院接诊的首批病人,前后三次进入火神山医院。在他看来,哪里有需要,媒体人就应该在哪里。这是媒体人的本分。人民日报社湖北分社卫生系统的"跑口记者"程远州密切关注报道疫情动向。在"武汉保卫战"的两个多月里,他每天早上六七点钟就起床工作,夜里常常熬到两三点钟,采写了上百篇公开报道,记录下浴血奋战的英雄事迹,用一篇篇稿件、一个个镜头为抗疫助力。"我觉得抗疫战就像一次刻骨铭心的现实党课,让我在伟大抗疫精神的洗礼中擦亮了一名党报记者的初心、一名共产党员的初心。"程远州说。[1]

一线记者对武汉的报道,是记者对采访使命的最好注解。正是因为这些记者在前线的报道,武汉乃至全国的民众才能了解真实的疫情状况,不会恐

---

[1] 《聚光成炬,照亮胜利之路(抗疫先进事迹)》,《人民日报》2020年11月13日。

慌。武汉抗疫的困难、医护人员的困难由此才能被大众知晓,获得社会各界的支持。在此展示一些武汉抗疫期间的疫情报道,我们可以从下述报道中进一步理解记录历史的意义,看到记者的使命感。

人民网武汉2月5日电 (记者程远州、吴君、鲜敢)5日晚,位于武汉会展中心、洪山体育馆、武汉客厅的3家"方舱医院",陆续开始接收新型冠状病毒感染的肺炎患者入住"方舱医院",标志着用于接收轻症患者的首批"方舱医院"正式启用。3日始建的3家"方舱医院"可供床位4 400张,在逐步投入使用后,将紧急抽调20个省份2 000名医护人员陆续抵达武汉。

目前,武汉"方舱医院"有11家,分别为洪山体育馆、武汉客厅、武汉国际会展中心、光谷科技会展中心、武汉国际博览中心、塔子湖体育中心、武汉体育馆、武汉市石牌岭高级职业中学、大花山户外运动中心、黄陂一中体育馆和武汉体育中心,接诊床位将达万余张。

据悉,"方舱医院"一般由医疗功能单元、病房单元、技术保障单元等部分构成,具有紧急救治、外科处置、临床检验等多方面功能。中国工程院副院长、中国医学科学院院长王辰表示,相比隔离密闭的小病房空间,除收治患者量大以外,"方舱医院"的病房是开放式的,看护效率可以大大提高,医生和护士可以照顾更多的患者;而因为收治的都是确诊患者,病原相同,交叉感染不会成为突出问题。

人民日报武汉2月12日电(记者程远州、吴君)2月12日,湖北省召开新闻发布会,介绍国家卫健委支援湖北医疗队的有关情况。

发布会上,北京协和医院副院长韩丁介绍,目前共有164名北京协和医护人员奋战在抗疫一线,包括呼吸、感染、心脏、消化、内分泌等方面的专家,形成了多科室联合团队。

中日友好医院党委书记周军表示,为提高重症患者的治愈率,降低病死率,国家和各省市救援医疗队将患者,特别是重症患者集中起来,利用优势资源,对重症患者开展针对性救治。

复旦大学附属华山医院副院长马昕说,呼吸机和人工膜肺等设备作用十分重要,几乎每支医疗队都携带了这些高精尖设备。

目前,支援武汉的医疗队由国家卫健委整体部署和指导,每个医疗队成建制地负责一个病区。其中,在同济医院中法新城院区有18支国家和各省份的医疗队,每支医疗队的人数都在150人左右,每个病区大概有50张床位。

医护人员在传染病房实行24小时值班制,4至6个小时一个班。医疗队形成了多学科团队协作机制,并且可通过远程通信手段,与后方的医疗队形成会诊。

采访是记者的日常工作,把手中的笔记录下的时事升华为历史的记忆则对记者提出了更高的要求:记者必须站在时代的高度,胸怀国家,胸怀人民,有正确的政治立场,才能完成这种特殊的使命。美国著名新闻工作者普利策(Joseph Pulitzer)曾经说过一段著名的描述记者使命的话语:"倘若一个国家是一条航行在大海上的船,记者就是站在船头上的瞭望者。他要在一望无际的海面上观察一切,审视海上的不测风云和浅滩暗礁,及时发出警告。"[①]这段话提醒记者需要承担起社会责任,敏锐地关注社会微妙或显要的变化,通过采访和报道去发现问题,确保社会发展的良性方向。

二、呈现采访视野

记者的采访视野应当是整个人类社会。拉斯韦尔(Harold Lasswell)和赖特(Charles Wright)关于传播的功能观提到,传播是收集和传达信息的活动,可以警戒外来威胁,满足社会的常规性活动的信息需要,新闻就是人类最重要的传播活动。相比起其他职业,记者不一定要成为某一领域的专才,但一定要是一个对许多领域都有所了解的通才。记者的知识积累决定了他的采访视野,决定了他能否和社会各个领域的人沟通,把握社会的动态,透析现象背后的本质。

对于电视新闻节目来说,题材选择的广泛程度往往决定能够吸引多少受众。英国的《新闻之夜》(News Night)选题涉猎广泛,立足国内、放眼海外,敢

---

① 转引自肖涛:《"世界屋脊"上的瞭望者》,《新闻与写作》2018年第12期。

于针砭时弊。该节目曾报道过学生抗议政府上涨学费的活动，以及银行危机事件，并对英国政府的不当行为予以批评，还曾对广受世界人民关注的墨西哥原油泄漏事件、中国汶川地震救援等进行了系列报道。①

中央电视台的《焦点访谈》《今日说法》等节目在播出时引起了受众的普遍关注，所报道的事件在社会上均引起了很大的反响。节目获得成功的一个重要原因就是选择的题材非常广泛，涉及社会的方方面面，对于问题的讨论也有一定的深度。值得关注的是，正是因为这些节目有一批有采访视野、能抓住问题、针砭时弊的记者，才从源头保证了节目制作的高质量。从某种意义上讲，电视新闻报道对整个社会能有较为广泛深刻的展示是以电视新闻记者的采访视野为前提的。

记者的采访视野必须面向整个社会，才能发掘和再现具有时代特征的客观物质世界。现实生活中的记者和其所属的媒体受自身业务方向的限制，大多不能随意发挥，把什么题材都纳入报道范围。但是联系是普遍的，人类社会的各种事物都存在相互联系。记者在日常工作中可以以小见大，通过探究所报道事件背后的深层次原因来扩宽自身的采访视野，提高报道的深度与质量。

新闻记者既要具有关怀社会的宏观视野，同时也要体现对普罗大众的微观观照。近年来的民生新闻鲜明地体现了这一要求。所谓民生新闻，就是关注普通人的生存和生活状态，以及与他们切身利益相关的社会政治、经济、生态、文化建设等方面的新闻。平民视角、民生内容、人文叙事是民生新闻的根本和核心。由此推及，与民众生活密切相联系的医疗卫生、工作就业、住房条件、居住环境等都应当是民生新闻关注的内容。例如，河南电视台的《小莉帮忙》、浙江电视台的《1818黄金眼》，都起到了帮助民众解决生活问题、传递底层声音的作用。《新京报》在一篇关于"安阳狗咬人"事件的新闻评论中写道：《小莉帮忙》是一座桥梁，沟通了公共服务的"最后一公里"。② 这些民生新闻节目在日常的社会治理中起到了重要的作用，梳理节目中曾报道过的内容可以发现，小事情背后都是一些民生"大问题"。例如，海底捞点餐毛肚分量不足、博爱县郭某结婚登记问题等。从社会治理的角度来看，民众缺乏合理表达诉求的渠

---

① 裴燕萍：《英国电视新闻节目〈News Night〉的成功经验》，《新闻战线》2017年第2期。
② 马小龙：《珍视"小莉帮忙"的现实价值》（2021年11月20日），新京报评论，https://mp.weixin.qq.com/s/4MouEPRp0dznxxxxlMO_OCA，最后浏览日期：2021年12月29日。

道，政府力量有限也难以关怀到每一个角落，类似《小莉帮忙》这样的民生节目的介入，一定程度上打通了其中的梗阻，不仅可以获得收视率，做好一档电视节目，还可以帮助政府改进社会治理，提高人民幸福感，具有很高的社会价值。

民生节目活跃的背后是新闻语态的深刻变化。2011年8月，中共中央宣传部等五部门决定在全国新闻战线组织"走基层 转作风 改文风"活动。广大新闻工作者热烈响应、积极参与，涌现了一大批来自人民群众的生动报道。例如，2012年，中央电视台新闻频道推出主题为"你幸福吗"的街采，引发了大量的关注，虽然其中也包含了对"神回复"的调侃，但不可否认的是，这些行动显示了新闻语态的改革勇气与决心。随后的"家风是什么"，这两年春节期间的"春节说吧"，都继续推进了走近群众、关注百姓的报道理念。

三、表达采访认知

认知是人的头脑对客观世界的反映，反映自然受客观世界的影响，对于记者来说同样如此。采访是记者认识客观事物的活动，这种活动天然地当以唯物主义认识论为依据。但在现实社会中，记者对客观世界的认知受到记者既有知识结构的制约，并伴随着客观事物的持续变化而改变。虽然记者的认知不断受到客观世界的冲击和内在结构的双向影响，但是采访活动不应当为表达记者的个人想法服务，这也并不意味着记者的采访是没有立场的、盲目的以及消极的。记者选择采访的事件，本身就是有目的、有意识的。记者有意识的采访活动和客观的报道之间并不是冲突的，就像是左右手互搏，是自我的两个线索在对话和纠缠，关键在于记者怎样认识和反映客观事物。

马克思主义新闻观要求记者的采访活动符合唯物主义的认识论。记者采访的认知路线应该是：先有事实，后有新闻；先有采访，后有报道。从新闻的客观性原则来讲，不仅是对采访内容不带预设方向，记者也应当客观地看待采访的对象，不含个人的主观意向。坚持事实第一性，新闻第二性。从某种程度上讲，采访活动始终有一个思想方法的问题，记者应该把握好认识与反映客观事物的主从关系。

中央电视台曾拍过许多关于中国航天事业的纪录片，如《天地神舟》《天宫出征》《筑梦天梯》等，每一部都从某一部分向大众展现了中国航天事业。纪录片《天地神舟》是其中制作比较精良的一部。这部纪录片用真实的镜头语言，向观众展示了神秘壮观的太空景观和中国航天人的艰辛历程。为献礼中国载人航天工程十周年,该纪录片由中广天择传媒公司和中央电视台共同制作。摄制团队兵分六路,历时9个月,一共拍摄制作十集,真实记录了神舟十号从发射到回收的全过程,全景式立体展现神舟十号飞行任务的全过程,深度揭秘神舟十号成功发射背后的故事。本片的一大亮点在于较为系统地揭开了载人航天工程的神秘面纱,集中阐释和解答了大众较为关心的一些问题,是一次真正意义上的首次、全景式展现中国载人航天工程的大型纪录片。作为一部献礼的纪录片,创作者并不是单纯地为中国的航天成就唱赞歌,而是关注到中国航天事业发展的根本原因——无数普通航天工作者的默默付出。从发射团队、雷达测量人员、远洋六号船员等一线人员的身上去挖掘他们个人的价值。普通人的故事与中国航天事业的关联,使纪录片有了更深刻的内涵。这些纪录片同时也是一种新闻报道,制作的水平取决于记者、编导的认知水平。

在记者的日常工作中,采访认知可以分成两个方面来看待,首先是认知路线,其次是认知能力。认知路线指的就是前文所讲的记者应当把握好认识与反映客观事物的主次关系,坚持先有事实,后有新闻。现在社会上的许多新闻失实事件大多都是因为新闻记者没有严格按照采访认知路线来走而造成的。认知能力指的是"个体经由意识活动对事物认识与理解的心理历程",也就是指人脑加工、储存和提取信息的能力,即人们对事物的构成、性能与他物的关系、发展的动力、发展方向以及基本规律的把握能力。认知能力可以帮助记者提高采访效率和新闻报道的准确性,避免不必要的差错,也可以源源不断地发掘更多有价值的新闻。

做出好的节目不仅需要电视记者在新闻采访过程中坚持正确的认知路线,也需要不断增强对采访对象的认知能力。

四、达成采访目的

早在唐代、宋代出现的邸报、小报等报纸的雏形就承担起了传递信息的责任,中国严格意义上的新闻采访是在近代新闻事业发展的背景下才出现的。[①]

[①] 沈正赋:《信息采制主体及其传播方式的历史嬗变与现代转型》,《现代传播》(中国传媒大学学报)2015年第8期。

记者通过采访活动达成采访目的,简单而言,记者采访的目的是:传播信息、交流信息、沟通社会。自从中国近代报业出现以来,许多仁人志士怀着救国、革命的目的创办报纸。许多报人同时也是社会活动家、政治家、革命家。在西方,报纸刚刚出现之时也常被用作政党之间互相攻讦的工具,办报人也大多直接参与政治,例如美国的富兰克林(Benjamin Franklin),就是以办报纸起家的。现在,通过报道一些重大事件,记者也能够获得一些名气,成为社会上的意见领袖。由此看来,从记者这一职业出现以来,就有一个突出的特征,那就是记者通常也是一个社会活动家。

作为社会活动家,记者的采访方式具有特殊性,其主要表现是:首先,记者采访他人,与采访对象交流不是一个私人活动,而是一种社会活动。其次,记者代表的是其所供职的媒体,采访对象也不仅代表个人,而是作为某种社会现象相关人群的代表而被采访的。再次,记者采访的着眼点是采访对象的社会联系以及具有一定社会意义的情况,双方的接触不是因为私人关系,而是为了共同关心的社会现象。最后,采访之后经过记者最终呈现的报道,影响不仅限于某个社交圈,而是整个社会。

2008年,中国乳制品行业发生了一场大地震。事件的源起是《东方早报》以半版的篇幅刊发了记者简光洲采写的《甘肃14名婴儿疑喝"三鹿"奶粉致肾病》的长篇报道。随后,国家有关部门介入调查,价值300亿元的民族品牌轰然倒塌。简光洲在接受媒体采访时表示,他在撰写这篇稿子的时候很犹豫要不要点名三鹿,害怕自己成为打击民族品牌的千古罪人,但是对于受害的婴幼儿家庭的强烈责任感使他决定,即使有风险还是要点名。由此可见,记者的采访不是为了个人,而是为了整个社会。

新闻的产生基于社会对信息沟通的需要。随着社会的发展,公众对信息的需求不断发生变化,人们不仅需要获得信息而且还需要信息交流。这对记者提出了更高的要求。通常来说,记者在采访前都会有预设的采访目的,并围绕这个目的去设置一些问题。如果只是按照事先拟定好的问题走流程似的问采访对象一些问题,那样是无法满足公众对信息的需求的。因为记者在开始采访之前所想到的问题只是根据现有资料和个人既有的思维习惯提出来的,并不一定能够捕捉到真正有价值的新闻。记者与采访对象之间的交流应当是一种创造性的活动,记者依据和采访对象沟通所获得的最新信息,经过思考在采访过程中不断提出新的问题,如果发现更有价值的信息,原本的采访目的也会发生一些调整。

信息交流虽然有多种渠道,但通过记者采访所交流的信息具有更广泛的社会意义,因为更具有吸引力,更能引起受众的普遍关注。美国CBS(Columbia Broadcasting System,指哥伦比亚广播公司)著名记者华莱士(Mike Wallace)非常擅长在采访中进行信息的交流。这种交流并非按部就班地问一些对方有准备的问题,而是问一些让采访对象感到尖锐、敏感的问题。而这些问题的答案往往也是公众最为关注的信息。例如,华莱士对美国总统约翰逊(Andrew Johnson)的采访,他在采访过程中问到了公众都关心的越南战争问题。

约翰逊一开始拒绝谈论越南战争。华莱士开始"捧"约翰逊,说自艾森豪威尔(Dwight David Eisenhower)时期起,自己就是约翰逊的狂热崇拜者。华莱士说自己敬佩约翰逊在任职最初两年,为民权立法做出的努力。

但是华莱士接下来向约翰逊发起"攻击"。"可是那以后,"华莱士说,"一切都变了……你让那场战争失控了。越战强暴了你,总统先生,然后,你强暴了整个美国。你该谈谈这个事情!"约翰逊愤怒地盯着华莱士,说不出什么话。接下来的时间,华莱士没有再提这件事。但后来约翰逊自己突然谈起了越战:"我们的公众总是习惯于把总统的名字和某个国际危机联系在一起……这么做,对一位美国总统来说是非常残酷的,因为,他只是努力遵照他衷心认为最符合美国利益的立场来行事。"几分钟后节目录制完毕,约翰逊对华莱士说:"好了,该死的迈克,我已经给了你想要的。"①

记者的采访应当为公众服务,采访的问题应当是公众关心的问题。人们普遍关注的问题,就是这个社会各方需要交流的内容。

简而言之,记者采访的目的及功能主要是传播、交流、沟通。无论以什么样的形式来报道、反映客观事物,最终目的是相同的。记者的采访目的对记者采访活动的制约还表现在记者提供给社会的信息必须注重真实。新闻依赖事实而生,事实是新闻的本源,是新闻的生命力所在,事实具有强大的说服力和感染力。受众最希望得到的信息就是事实本身,只有用事实说话,给予受众想

---

① 师小涵:《"我又八卦又坚持"——迈克·华莱士的22件事》,《南方周末》2012年4月18日。

要的才能获得受众的信赖。报道失实却不及时纠正无疑是对媒体信誉的伤害,也违背了记者的采访目的。

2021年,天宫空间站的航天员出舱所穿的太空服引起了两个湖南高校的争端,中央电视台《焦点访谈》栏目组对此报道的严重失实是该事件的导火索。事情的起因是《焦点访谈》栏目组做了一期出仓航天服设计团队的采访,接受采访的是湖南大学的罗建平助理教授和湖南大学艺术设计学院的一些领导,但随后网上爆出该项目的立项、结项、验收都在湘潭大学。节目播出后,湖南大学罗建平助理教授向湘潭大学的马秋成教授解释,他在采访中提过湘潭大学是支持单位之一,还有其他参与项目的人员,但都被《焦点访谈》剪掉了。直到湖南大学与湘潭大学发布联合声明,《焦点访谈》栏目组也并未就此事做出任何回应。

对于记者来说,把聚光灯对准一个对象可以更方便地讲一个情节完整的好故事,在预定的新闻主角之外再去采访其他人会让故事显得没有重点。但是,新闻不是小说,也不是电视剧。新闻记者应当注意的是,不能以预设的采访目的来安排采访,如果采访中有新的发现必须如实报道,不能为了讲好故事而牺牲事实。

五、选用采访方法

记者的采访活动与生活中正常人了解事物的过程有很大的区别,记者的采访是一种特殊的调查研究活动。记者的调查研究与其他领域工作者的调查研究的相同点在于,它们都是有组织、有计划、有具体任务和要求的、自觉认识客观事物的活动。不同点在于记者的调查研究只是为了挖掘真相,把能搜集到的事实呈现给观众,很少做进一步的推理判断。例如,地质工作者调查研究某一地区的地质状况会推断是否有矿产或者自然灾害发生的可能性,但记者了解某一地区的地质状况往往是作为新闻背景,了解程度不深入,也不会做进一步推断。经济学家调查某一地区的经济情况,会根据现有条件提出建议,而记者则止于报道本身,不会根据调查结果做进一步的行动。

一般的自然科学调查研究,其研究过程大多都不需要通过与人交流来获取信息。社会科学研究则有明确的研究问题和较为集中的访问对象,其活动实施的对象也相对固定。新闻采访具有特殊性,在采访之前没有明确的报道倾向和问题切入点,常常需要随机应变,在过程中不能放过新闻现场的任何细节,还需要在平等自愿的基础上与采访对象打交道。

记者在采访中较为常用的方法有访问、观察、体验、研究资料这几种。每一种方法都有各自的特点,有时采用一种方法,有时多种方法并用。这其中没有什么特别的规定,完全视采访的需要而定。

访问,指记者为获取新闻事实或观点而与新闻当事人或关联人的交谈。访问作为在互知身份前提下的双向信息交流形式,是最重要、最可靠和最常用的采访类型,对记者来说绝大部分信息来自访问。

观察,指记者亲临现场,目睹事件的发生、发展或者结果的主动行为,是新闻采访的一种重要方式。记者通过对现场场景、表象、行为、细节的获取和捕捉,更好地反映客观新闻事实。按照不同的采访目的和采访对象,可分为场景观察、人物观察、细节观察,三者互有渗透和交叉。

体验,是记者感受事物的方法,可以产生最直接的、切身的体会,这种独特的方式可以在特殊情况下发挥特殊的作用。[①]

研究资料,则属于间接采访,通常是为正式采访而做的事前准备。同时也可以作为一种独立的采访方式,记者在不与采访对象接触的情况下,通过寻找和搜集各种与采访对象和新闻事实相关的材料,获取新闻信息、验证信息真伪,最终整合成一篇报道。

从记者执行一个独立的采访任务过程来讲,记者运用各种方法主要是为了收集新闻事实的主要事实、背景材料和典型的画面与声音。主要事实是指新闻事实的各种要素和基本内容;背景材料是指构成新闻事实发生的相关背景;典型的画面与声音可以使报道更加生动,更具有表现力。主要事实和背景材料是所有采访活动都需要的。利用镜头来展现更为丰富的信息,采集生动的画面和声音,表达文字难以言尽的情感则是电视记者与纸媒记者的不同之处。记者可以把自己的现场体验通过镜头带给观众,让观众在观看的同时有代入感。

记者的采访在无法通过正常方式获取信息的时候,不得不采取一些特殊的采访手段,例如隐性采访,记者的行为是否在法律允许范围内,是否对社会产生了负面的影响都是记者在采访过程中应当考虑的问题。

---

① 赵淑萍:《广播电视新闻采访与写作》,北京师范大学出版社 2016 年版,第 43 页。

记者的采访活动并不一定会受到采访对象的欢迎，许多时候公众想要知道的信息和当事人的意愿是相违背的。在许多灾难报道中，我们的记者都会去采访遇难者的家属，而家属正处于悲痛之中，电视记者的镜头中常常出现受访者痛哭的画面。但这些是媒体所希望拍到的画面，因此，电视记者在采访活动中出现了许多违背新闻伦理的行为。

记者也是一份工作，许多时候为了写出报道，完成任务，不得不在当事人十分悲伤的时候去进行采访。《湖北日报》记者余瑾毅在刘智明院长去世后奉命去医院采访。他联系武昌医院，被告知"大家心情都很差，没人能接受采访"。余瑾毅因自己打扰了正在悲痛中的人而愧疚。但为了完成采访还是打电话给武昌医院，坦诚说出自己的想法："这个时候打扰你们我也不想，可刘院长为抗击疫情付出了那么多，还有很多一直牵挂他的人，应该被他们知道。"电话那头沉默了几秒钟，把副院长黄国付的电话号码给了记者。

因此，记者应当有一颗同理心，在采访的过程中把握尺度，在为大众探寻事实真相和保护受访者中寻找平衡。不能为了自己成名的想象、工作的业绩去强行打扰采访对象，违背采访对象的意愿。记者应当尽量争取采访对象的理解，在不违背新闻伦理的情况下开展采访活动。

六、追求采访时效

新闻是对新近发生的事实的报道，新闻发稿的时间与事实的发生时间差距越小，新闻的价值就越大。记者的采访非常讲究时效，对于电视记者来说，很多时候需要与演播室现场连线，报道与事件的发生同步进行。

对于采访时效的要求是不同性质媒体的一个共性特征。报纸有固定的发刊时间，电视中的新闻节目也有固定的播出时间，这就对记者的采访时效提出了强制性的要求。

在现在的许多媒体中，发稿速度成为竞争的焦点。一旦成为首发的新闻媒体，就能获得关于这个事件绝大部分的关注量，后续报道同一事件的媒体即便付出了同样多的努力，也很难超越首发媒体的流量。这就使记者在工作中常常处于一种要"抢新闻"的状态。以下是肯尼迪（John Fitzgerald Kennedy）遇刺时，美国媒体分秒必争的一个案例。

1963年11月22日，美国达拉斯时间12点30分，肯尼迪总统的车队的最后一辆车——第六辆车上的合众社记者梅里曼·史密斯听到一声枪响,职业敏感使他立即抓住车上的无线电话向合众国际社达拉斯分社报告了这一消息——"总统车队遭到枪击"。同在第六辆采访车上的美联社记者听到枪声也迅速反应过来,他要抢过史密斯的电话,结果两人滚作一团。最后史密斯拼命抱住电话不放,连续报道他认为是他生命中最重要的一条新闻。枪响四分钟后,史密斯报告的消息就通过电传打字机向外界发布新闻——

"合众国际社达拉斯11月22日电:肯尼迪总统的车队今天在达拉斯商业区遭到三枪袭击。"

肯尼迪总统被送到白克兰德医院。史密斯紧跟着到医院,看到总统情况后,立即跑到医院的一个公用电话间,向达拉斯分社发出第二条消息——

"肯尼迪总统伤势严重,或许很严重,或许遭到暗杀子弹的致命伤害。"

这条消息的发出时间是12点39分,距离枪击发生仅9分钟。

对于采访动态新闻的记者来说,时间是催促的动力,也可能是犯错的原因。在追求新闻时效的同时,更要坚守真实性原则。2021年5月22日10点48分,CGTN(China Global Television Network,指中国国际电视台)在微博上公布了袁隆平院士去世的消息,随后迅速被医院方面证实是假新闻,袁隆平院士尚在抢救中,于是"袁隆平去世消息不实""要求CGTN道歉"的微博热搜又成为爆炸性新闻。在CGTN道歉后不久,新华社报道袁隆平院士于5月22日13点07分在湖南长沙逝世。这次事件中CGTN未经严格的核实,抢发新闻的行为不仅给自身带来了巨大的负面影响,也严重伤害了公众的感情。

随着新媒介技术的发展,事实真相的发生时间与公众知道的时间越来越接近。过去的新闻是TNT——Today News Today(今天的新闻今天报),现在的新闻是NNN——Now News Now(现在的新闻现在报)。[①] 但是,传统媒体普遍面对的情况是,面对突发性新闻倾尽全力也无法与新媒体在时效性方面做竞争。例如,现在有很多新闻视频投稿的平台,如梨视频等,如果事件现场有人拿手机拍摄后迅速上传平台,那么除非记者就在事发现场,否则是无法与千万"在场者"竞争速度的。因此,许多传统媒体选择在专业性方面下功夫,力求第二时间发布的报道的权威性,把第一时间让给新媒体去竞争。留出时间

---

① 曾祥敏:《电视采访》,北京广播学院出版社2002年版,第10页。

去多方采访求证,发挥传统媒体手握采访权的优势。

现在的记者如果想要追求时效性,那么必然会把社交媒体上的信息作为新闻线索。作为未来的新闻工作者,传媒专业的学生如何判断、选择、传播微博、微信等社交平台信息也成为需要思考的问题。

2018年,美联社特约摄影记者赵汉荣(Ringo Chiu)与另外两名美联社摄影记者博格(Noah Berger)、洛克(John Locher),因在一线追踪记录加州山火的摄影组图获得普利策突发新闻摄影奖。2019年,《南佛罗里达太阳哨兵报》、宾夕法尼亚州《匹兹堡邮报》和马里兰州安纳波利斯《首府新闻报》因报道2018年美国重大突发枪击事件而获普利策新闻奖。由此可见,时效性依然是评判新闻的重要标准,也反映了对记者采访活动分秒必争的共性要求。

第二节 个性特征:多样化的表现符号与表现手段

广播电视新闻采访的个性特征是基于广播电视媒介载体的独特性来体现的。广播电视采访报道既遵循采访活动的一般规律,同时又具有自身的个性。因此,广播电视媒体要做好采访报道工作,必须充分认识和把握好广播电视新闻采访的个性特征,运用广播电视多样化的表现符号与手段,实现新闻报道的有效传播。

一、画面语言

画面是电视语言的基本信息符号之一,是指录像设备在特定的时间和空间里拍摄的一段段连续的影像,它由连续运动的活动画面组成,具有很强的叙事能力。富于个性的画面语言有助于更客观、真实地反映事件发展的逻辑顺序。

在电视新闻采访报道中,画面语言通常包括现场环境、背景画面、人物动作等,它包括远景、全景、近景、特写等不同景别,可以运用推、拉、摇、移、跟等运动镜头来凸显事物的运动。而广播电视新闻十分注重现场和采访过程的直观呈现,因此,现场特写是广播电视新闻的优势手段,其连续运动的特性也能为真实再现现场环境提供良好的物质基础。

电视新闻采访与报道的专业性、严肃性要求报道内容必须完全真实、客观。因此,画面语言的使用也必须能表达实景、实情。画面语言所记录的信息内容都是真实存在的,因而通过色彩、构图等表达手段,画面语言能够展现具体的人、事、物,完整地呈现纪实性传播,可以带给观众强烈的现实感与现场参与感。这类影像符号能够拓展受众的视觉体验,并通过对人们视觉的反复冲击产生一种感知联动的作用。例如,在时政类新闻报道中,报道要以表达事实为核心,因此,画面语言通常要遵从新闻语言的介绍来配合展现时政新闻的真实画面。

电视新闻《习近平在参观〈复兴之路〉展览时强调:承前启后,继往开来,继续朝着中华民族伟大复兴目标奋勇前进》充分运用广播电视的画面语言展现活动中领导人的面貌,形象地展示了新一届中央领导集体参观展览的过程和情景,并配合大量同期声刻画了总书记从容大气的个人形象,将现场画面不加任何修饰地传达到受众眼前,使电视时政新闻"视听兼备"的优势取得了最佳传播效果。这是广播电视报道通过画面语言的运用,反映新闻事实,拉近与受众之间紧密联系的手段之一。

除此以外,在实际的采访报道过程中,广播电视报道的画面语言多与声音语言、文字语言相结合。记者在采访报道时不仅需要口播进行信息传达,还需要通过画面、声音、文字等表现符号来传达言外之意,因此,声画结合的采访形式更能使观众根据画面、声音来感知现场氛围,增强报道内容的感染力。

二、声音语言

声音是广播电视媒介传播的主要手段之一,它具有的各种特性能够为广播电视媒介利用声音传达信息提供基础。有声语言在广播电视中能够准确地传达内容和表达情感。通过声音叙述内容具有自由性,因此能够打破画面的时空限制,扩充广播电视传播的内容。[①] 声音符号不仅能够通过声波刺激人们的听觉器官,也能在一定程度上激发观众内心的情感共鸣。

在采访报道中,广播电视新闻所依赖的声音素材和声像素材需要依靠专

---

① 黄匡宇:《广播电视学概论》(第五版),暨南大学出版社 2017 年版,第 82 页。

门的录音、录像设备完成,因此,其对声音语言要求尽量真实、清晰。声音语言在采访报道中通常表现为同期声、解说词以及音响和音乐等等。

(一)同期声

同期声是指在拍摄现场时录下的讲话声和背景声。现场环境的音响效果、人物谈话等等都可以归纳为同期声。同期声可分为现场采访同期声和现场效果同期声。现场采访同期声通常是指画面上出现的人物的同步语言,即记者在现场报道的声音,比如:记者的提问、被采访者的回答等等;现场效果同期声则是指拍摄现场的其他背景声音。在广播电视采访报道的诸要素中,同期声发挥了强大的辅助作用,是声音语言中不可缺少的重要元素。

1. 增加节目的真实感

在广播电视采访与报道中,信息的传播效果与信息的权威性和传播层次密切相关。因此,在报道新闻事件时,通过同期声让被采访者透过镜头讲述事件经过,会大大提高受众对新闻传播的信任度,增强报道的真实性与权威性,从而影响受众接受新闻信息的效果。在电视系列作品《"时代楷模"高德荣》中,有几段高德荣老县长的同期声:"领导干部的概念,是要带着老百姓一起干活,要干出好路来,干出好事来……""官当得再大,如果自己的同胞还穷得衣服都穿不起,别人照样会笑话你……"这一句句富有个性的同期声,真实地还原了老县长朴素的话语,充分展现了老县长永葆公仆本色、清廉本色的"时代楷模"形象,充满了不加修饰的真实感。

2. 增加节目的感染力

声音的传情性能够使受众更加真实地感受说话者的态度与情绪。在广播电视采访报道中,同期声的直接传播能够增加现场的立体感。保留最真实自然的同期声状态,是一次采访报道取得成功的关键要素。

2020年8月24日,浙江卫视播出的电视消息——《陈立群的最后一次家访:即使拄着拐杖也要来关心台江的教育》,报道了即将卸任台江县民族中学校长的陈立群,来到展下村进行最后一次家访的情景。记者在采访过程中,通过运用大量同期声记录了孩子们在雨中大声呼喊着"陈爸爸,不要走",以及村民们唱着山歌含泪送别等场景,生动地展现了贵州山区人民对陈立群发自肺腑的感激与不舍之情。片中陈立群一句同期声——"我是终身名誉校长,将来即使我拄着拐杖,也要来关心台江的教育",更体现了脱贫攻坚典型人物的教育扶贫关怀。整条消息的声音素材来源就是采访现场最真实的同期声,通过陈立群校长朴实的话语,受众能切实地感受到他对乡村教育扶贫的坚定信念与信心。在整个采访过程中,没有过多的记者解说与旁白,但仅靠同期声就成功向受众传达出了最真实、客观的现场环境。这些自然流露的话语,能激发观众的情感共鸣,从而达到增加节目感染力的目的。

3. 拉近与受众的距离

声音语言作为人的听觉系统的语言符号,能够在广播电视新闻报道中准确传达内容和表达情感,这是反映社会生活、表达创作思想,最终作用于受众听觉的一种重要符号。

在《救援在雷电中展开》这则电视新闻消息中,报道全程记录了记者蹚过河沟,冒着随时被雷电击中的危险跟随官兵前去救援时的声像素材。同期声里传出的风声、雷声、水流声以及喘息声、跑步声等等,使受众在观看报道时立马有了身处其中的真实感,拉近了受众与新闻人物之间的心理距离,达到了人类情绪共通的效果,让新闻报道和观众之间不再有距离感。

因此,同期声作为一种最直接的真实语言,在新闻采访与报道节目中,有效地实现了声画统一。

(二)解说词

解说词是新闻采访与报道节目中大量运用的另一种声音语言,它指的是通过拟好的文稿,对事物进行补充描述,使受众能更加充分地理解和认识事物的实情与含义。解说词是一种存在于影像之外的画外音形式,能够增强画面语言的表现力。广播电视采访与报道是对某一新闻事件或新闻人物的深入解读,具有较强的新闻深度,因而,在一些报道中,仅依靠同期声采访和画面语言是无法揭露事实本质的。在这种情况下,增加解说词的使用既能配合同期声表达完整的叙事,又能弥补画面语言的有限性,三者的有机结合能发挥对受众听觉的补充作用,使受众身临其境,帮助其获得画面以外的其他信息,从而达到更好的传播效果。

值得注意的是,解说词不同于一般的文稿,它不能独立存在,必须与画面内容、字幕等符号形式相互配合，才能发挥出其加深认知与感受的作用。在电视消息《习近平出席庆祝人民海军成立70周年海上阅兵活动》中，开头使用了一段解说词："琴岛春意浓，黄海春潮涌。青岛奥帆中心码头，担负检阅任务的西宁舰按照海军最高礼仪悬挂代满旗，五星红旗、八一军旗迎风飘扬。"与此同时，配合播放的正是对黄海的俯瞰视角以及五星红旗迎风飘扬的画面内容；而在消息结尾处，广阔的海面与整齐的海军舰队再一次与解说词"人民海军正以崭新姿态阔步向前、逐梦海天"完美契合。解说词与画面的相互配合充分展示了海军将士们在习近平强军思想的指引下，不断创造辉煌业绩的坚定信念。这则消息既保证了新闻画面的丰富性，又利用气势恢宏的解说词向受众彰显了党的十八大以来建设强大人民海军的巨大成就，激发出我国各族人民的爱国热情。

解说词正是通过使受众将听觉信息与视觉信息相结合，扩充和深化画面的内涵。在广播电视采访与报道中，适当地插入解说词能够让观众在声音与画面中把握事件的来龙去脉，在节省大量不必要的画面内容时，传达出采访与报道的意图，使需要凸显的重要内容在受众心里留下深刻印象。

（三）音响和音乐

音响和音乐也是广播电视采访与报道中两个不可或缺的声音语言。在通常情况下，广播电视报道的声音语言运用，除了借助同期声加强节目效果外，也会利用音响、音乐这些表现符号来增强采访内容的现实感与真实性。

在一般情况下，音响的运用除了语言、音乐之外，还包括现场自然环境的声音、人的各种动作的声音。在新闻采访中，写实性的音响效果能够真实、全面地反映现场环境，提高新闻报道的真实性。例如，在进行春运报道时，摄像机往往也会将嘈杂的车站环境、人群的说话声音、汽车火车的鸣笛声保留下来，这些音响声音在一定程度上构成了真实的新闻环境，增加了现场报道的客观性，烘托春运人山人海的壮观场面。因此，音响在节目内容中的使用可以达到渲染环境气氛、增强现场感的效果。它与采访画面、语言文字相互配合，相辅相成，使报道的内容与形式更加完整严密，全片结构更加完善。

此外，音乐的有效使用也是广播电视媒体在声音语言方面的一大独特性。音乐作为一种配乐形式，对于提高节目的感染力具有非常重要的辅助作用。

比如，在报道奥运赛事时，电视编导往往会配上激昂奋进的音乐对选手夺冠过程中的精彩画面进行展示，充分渲染现场激烈的比赛氛围；而在报道一些突发性灾难新闻时，又会选取较为感人悲壮的背景音乐，以凝聚社会各界众志成城的力量。因此，不同的音乐效果可以为新闻采访报道增添不同的渲染效果，音乐与语言、图像、文字的融合使用，赋予了新闻报道最真实的感染力。

2019年2月10日，中央电视台《新闻联播》在《新春走基层》特别节目中播出了《相约在零点37分》，讲述了一对"铁路情侣"的故事。郝康和雷杰因铁路工作聚少离多，春运期间仍然坚守在岗位上，只能在零点37分于站台匆匆一聚。短短7分多钟的片子大量运用了多种纪实性的电视表现手段，仅背景音乐的使用就有5处。在片子的结尾，一首《因为爱情》的背景音乐更是烘托了感人的氛围，凸显了主角之间爱情的可贵，让电视机前的观众热泪盈眶，激发了亿万观众和网友的情感共鸣。因此，音乐的使用不仅可以增强电视新闻报道的可视性，也能进一步深化主题思想，升华事件现场无法传递的情感与立体效果。

对比传统的报纸类新闻采访报道，声音语言的运用能够以最基础、最直接的表现手段传播新闻报道，它是对画面语言的补充与升华。只有声音与画面共同为主题服务，广播电视报道的传播效果才能达到声画合一的地步。因此，从一定意义上说，广播电视采访与报道是一种声画结合的纪实传播。

三、文字语言

文字语言的运用也是广播电视采访与报道的多样化表现手段之一。文字语言通常是指出现在屏幕上的文字，可以将其分为画面文字和屏幕文字两类。随着节目制作技术的不断成熟，文字语言在广播电视采访与报道节目中的作用越来越重要。

（一）画面文字

在广播电视新闻采访报道中，画面文字是指出现在采访环境内的文字，比如路标、招牌、会标等等，这些文字一般出现在特定的现场，可以直观地表现新闻事件所发生的背景、地点，新闻事件中人物的身份等等，起到揭示事实、表达观点的重要作用。此外，画面文字的使用也能够在一定程度上克服广播电视媒介线性传播的局限，通过提示、放大某些现场环境，使重要的内容获得受众的重点关注。在当下新媒体时代,快节奏的生活方式、"碎片化"的新闻信息获取方式成为越来越多受众的选择,因此,在镜头中运用的画面文字通常要比单纯的语言叙述更加简洁,才能有效传达信息内容,让观众在较短时间内跟随记者的镜头了解采访内容,获得集视、听、读于一体的观看体验。

(二) 屏幕文字

屏幕文字是指在后期剪辑制作时显示在屏幕上的文字。当前,屏幕文字已经被经常、大量地运用于广播电视新闻节目中,在广播电视媒介传播过程中有着不容忽视的重要功能。屏幕文字提要能加强新闻报道的记忆深度,帮助受众快速了解新闻报道。诸如标题字幕、采访同期声字幕、滚动字幕等等的文字使用,都会在一定程度上吸引受众的注意力,将一些具有重要价值的文字通过字幕的提示放大,可以直接点明传播者的意图。此外,在报道一些电视新闻时,屏幕底部还会出现滚动新闻或者天气预报等信息,这增加了电视节目的信息播放量,利用各类传播符号充分展现出了电视作为综合性媒体的优势所在。由于广播电视新闻采访具有视、听、读三位一体的个性特征,声音、画面、文字的结合增加了双通道传播的效果,观众可以全方位感知各种语言符号,这对于观众接收信息内容有加深记忆的效果。

相较于传统的新闻报道形式,文字语言可以增加信息含量,广播电视类的新闻采访报道利用声音与文字的同步播报,实现了新闻时效性的快速传播。在收看节目的过程中,观众可听可读,拥有多样化的选择方式,比起聚精会神地听广播、费力地看报纸,文字语言的广泛运用更易于被观众理解和接受。

四、蒙太奇思维

所谓蒙太奇思维,是指对一档新闻采访报道在结构上的总体安排,它包括对新闻事件的叙述方式、叙事角度以及画面镜头的组合关系与连接方法。不同于传统的媒介形式,广播电视采访报道不仅需要文字来叙述事实,更需要用画面来再现场景。因此,蒙太奇思维对于做好一档新闻报道具有不容小觑的作用。蒙太奇思维能够客观、形象地揭示事物之间的内在联系,同时也有助于记者充分把握新闻节目的深刻意义。

(一)围绕主题,传达新闻信息

在采访前期准备工作中,蒙太奇意识能够帮助记者把握全局,对新闻采访的结构、节奏以及风格的确立做出一定的前瞻性预见,并根据新闻采访的内容设置合理的报道形式[①];在拍摄时,记者也要充分考虑后期制作时画面剪辑的需要,蒙太奇思维要求广播电视记者通过对镜头、画面、段落的分割组接,对拍摄素材进行取舍选择,保留有效部分,删除多余冗长的部分,使新闻报道能够连续顺畅地叙述新闻事件。很多时候,新闻事件持续的时间会很长,但通过蒙太奇思维剪辑能够简明扼要地向观众传达最有效的新闻信息。这是蒙太奇思维叙事表意的功能之一,也是一档电视新闻报道应传达的思想内涵。

(二)铺设情节,引发受众深思

蒙太奇思维在新闻报道中的运用还能产生深刻的思想内涵。单个镜头的表现内容有限,但借助蒙太奇手法,可以按一定顺序将多个镜头组合起来,通过多个镜头的分切组合达到单个镜头不具备的思想含义。记者可以在叙事时运用蒙太奇思维进行总体结构安排或者悬念设置,这样既可以吸引观众的注意力,激发情感共鸣,又能在一定程度上引导观众了解整个事件的发展。

在中央电视台《今日说法》栏目播出的《两次左拐的女童》中,节目开始就单刀直入介绍了事发地点、还原了女孩死亡现场,并顺势提出一系列疑问,给人强烈的视觉冲击力。随后,栏目组采用登门拜访和现场采访两种方式,还原事发的背景及调查结果,让观众借助铺设的情节进入事件当中,引发观众深入思考。蒙太奇思维的运用,借助某些意象创造出了特定的意境,使新闻节目在有限的播出时长中清晰地呈现新闻事件,大大缩短了受众了解新闻事件的时间,从而对观众产生深刻的思想影响。可以说,蒙太奇思维是广播电视采访报道中一种个性化的创作方法。

从广播电视媒介的基本表现手法上看,视听合一是其最基本的特征,广播电视记者需要拥有蒙太奇的思维意识,将这种思维贯穿选题、采访、拍摄与编辑制作的整个过程中。只有熟练地掌握和运用好蒙太奇思维,才能充分发挥广播电视媒介的视听优势,创作出具有深刻思想内涵和艺术表现力的新闻报

---

① 张福谦:《试谈电视记者的蒙太奇意识》,《山东视听》2003 年第 12 期。

道作品。①

思考题

1. 广播电视采访与报道的个性化特征主要体现在哪些方面?
2. 广播电视报道的声音语言运用有哪些?
3. 结合相关案例,谈谈蒙太奇思维在广播电视采访与报道中的具体运用及其所发挥的作用。

---

① 贺义廉:《电视新闻蒙太奇思维及其应用》,《湖北师范学院学报》(哲学社会科学版)2011年第6期。

第二章 记者：广播电视采访与报道的主体

主体是指组成事物的主要部分。广播电视采访与报道的主体是连接大众传播媒介与受众之间的桥梁和纽带，在整个大众传播过程中处于最核心的位置。从大众传播工作的特性来看，广播电视采访与报道的主体通常就是指代表媒介外出从事采访与报道工作的记者。记者作为信息承载者与传播者之一，其特殊地位和重要作用不容小觑，对采访对象、受众，乃至整个新闻传播活动都能产生深刻的影响。因此，作为广播电视采访与报道的主体，记者不仅要具备主体性意识，更要在采访报道过程中充分发挥主导作用，以保证新闻活动的有序开展。作为广播电视采访与报道的主体，记者要时刻牢记自身的工作职责，同时，也要具备良好的工作素质与专业修养，在新闻采访写作中锻炼自身的思维能力，发掘新闻信息，报道新闻事实，为新闻事业的发展提供更为强大的助力。

第一节 广播电视记者的工作职责

职责即职业责任，是指从事某项职业所必须完成的工作任务和必须承担的责任。从职业角度来说，广播电视记者的工作职责是其应该对社会所承担的责任与义务。记者最基本的工作职责就是"让公众知情"，向社会公众报道真实、客观、有价值的新闻信息。记者的工作职责要求其充分发掘有价值的新闻线索，及时采写重要的新闻事实，并将事实的真相及背后的深刻含义，通过采访报道的形式呈现于大众媒体之上，以协助媒体达到传播资讯、守望社会、引导公众的目的。一名合格的广播电视记者在新闻采访活动中扮演着责任重、影响大的传播角色。因此，在新闻从业过程中，记者要认真履行自身的工作职责。

一、广播电视记者的定义

广播电视记者是指在广播电台、电视台从事新闻采访活动与报道活动的专业人员。广播电视记者有广义和狭义之分。从广义上来说，广播电视记者通常指广播电台、电视台中所有从事与宣传工作有关的专业人员，包括编辑、记者、播音员等。从狭义上来说，广播电视记者是指广播电台、电视台中专门从事新闻采访报道工作的一类新闻专业人员。

世界上最早的记者出现于 16 世纪意大利的威尼斯。由于工商业和交通业的快速发展，在那时已经出现了专门进行采访活动并发布关于政治、经济、宗教等方面内容的手抄新闻职业，并伴有新闻记者公会等行业组织的出现。而在中国，记者则是随着近代化报刊的创办而逐步形成的。[①] 1899 年 3 月，梁启超主编的《清议报》中首次出现了"记者"这个称呼。

随着人类社会政治、经济、文化的不断发展，社会分工也越来越明确，新闻报道无论是在涉及的领域还是报道的内容上都更加趋于专业化。因此，根据大致的工作内容，可将记者划分为不同的类型，如政治记者、体育记者、特派记者、文字记者等等。但从总体上来说，不论是哪一类型的记者，他们的工作任务、工作职责和工作方式都是一致的。

二、电视记者具体分工职责简介

电视记者是在电视台从事新闻素材收集、采写、报道的专业人员。与其他媒介的记者相比，电视记者更加具有特殊性。广播电视采访与报道使用的现代化采集手段以及独有的声画合一的采访形式，要求电视记者具备过硬的专业素养。电视记者的具体分工职责可分为前期与后期两个部分。前期主要包括确定选题、整体构思、定向采访以及画面拍摄等内容，后期则主要包括编辑画面、文稿撰写以及混录合成、送审播出等工作。

---

① 黄匡宇：《广播电视学概论》(第五版)，暨南大学出版社 2017 年版，第 82 页。

（一）前期

1. 确定选题

一个好的选题是做好一档新闻采访报道的重要基础，它是对整个采访报道主要内容的核心概括。因此，记者在进行新闻采访报道前一定要确定选题。

首先，一定要充分展开调查研究，深入了解和掌握现阶段党中央及政府的工作重点和社会现实情况，努力听取人民群众的呼声及愿望，从中发现有报道价值的新闻事件。

其次，记者还要在详细的调查研究基础上，以事实为基础、以价值为前提、以新颖为核心，认真提炼题材内容，综合平衡该选题对社会及文化效益会产生怎样的影响力，以加强新闻采访报道的针对性，最终形成见解独到、思路新颖的报道选题。

2. 整体构思

对电视记者来说，采访前进行整体构思是非常必要的。

首先，记者要预先对采访报道的内容、报道事件、报道手法、采访对象以及各类资源配置进行整体的设计与构思，尽量在报道思路、报道方式、采访角度等方面寻求创新。一是要充分考虑同一类型的题材在报道时如何选取最新颖的角度；二是要考虑电视传播的独特性，善于选取适合电视新闻报道的内容。

其次，记者还要事先构思好采编方案，在采访前可以初步设计好需要拍摄的新闻素材，比如，新闻事件的背景、采访的主要事件、主要人物、主要问题等等，这样在进行采访时就能有一个比较清晰的思路。

最后，记者还可以对如何构架全片，采用哪些手段表现新闻报道等方面进行预先考虑，以保证总体构思的完整性。

在采访前，整体的构思能够为接下来的工作做好充分准备，不仅能够帮助记者开展更为有效的采访工作，而且能够提高电视新闻的时效性。

3. 定向采访

在进行采访过程中，记者要充分对现场采访环境进行全方位的观察。

一是要观察全面。在进行现场采访时，记者应当"眼观六路，耳听八方"，敏锐地捕捉任何有新闻价值的事物。全面的观察不仅能够帮助记者快速获取现场的有效信息，还能帮助记者迅速选择适合的采访对象，捕捉细节。

二是要观察细致。电视记者只有观察细致，才能最真实地还原事物的本质特征。在对整体环境有了大致把握后,记者要选取清晰、合适的观察位置,便于为全面、清晰地记录画面影像起到辅助作用。

三是要观察精准。记者在进行现场观察时,也应当具备良好的思考能力,这就要求记者能够在短时间内分析判断信息中隐藏的新闻价值,从众多内容中准确抓取采访报道需要的内容。只有透过现象看出本质,才能发现微小事物中蕴含的深层含义。[①] 在采访过程中,电视记者还应当注意与采访对象间的交流互动。其中包括记者对采访对象的提问、引导等方式,都在考察记者的口头表达能力与现场应变能力。一次好的采访报道需要记者与采访对象间的共同配合,才能实现新闻采访报道的理想传播效果。

4. 画面拍摄

拍摄工作也是电视记者的工作职责之一。为了能够在采访工作中准确记录相关的图像信息,确保新闻报道的直观性、真实性,记者通常也需要掌握不同摄录设备的使用。在多数情况下,采访报道要求最真实、直观的现场画面,因此,在拍摄时要尽量保证画面的构图、清晰与稳定。但针对一些特殊情况,比如需要进行跟踪采访、暗访时,则需要记者准备好多种摄录设备,做到"双保险"。此外,为了保证新闻采访工作的有效进展,减少拍摄设备故障对采访的影响,记者应当在拍摄前全面检查摄像、录音设备,确保能够正常运转,以保证采访工作的万无一失。

(二) 后期

1. 编辑画面

后期编辑制作是新闻报道工作的重要环节之一。作为一个创作环节,后期编辑是实现构思的关键阶段。面对众多的拍摄素材,如何恰当地进行取舍和组合,关乎新闻采访报道的节目质量。因此,这也要求记者应该具备专业的剪辑技能,按照内容顺序将一个个素材镜头初步组合起来,表达创作者想为观众传达的思想与意图,这一阶段也就是通常所说的"粗剪"。由于广播电视新闻报道的是真实发生的新闻事件,画面剪辑也应该要侧重表达最真实的声音和画面,真实性是新闻的生命,记者在编辑画面时要严格遵循

[①] 宫承波:《广播电视概论》(第二版),中国广播电视出版社2014年版,第53页。

这一原则。

2. 文稿撰写

在后期工作中,记者的文字稿撰写也是非常重要的一环。受众要接收完整的广播电视新闻,不仅需要"看懂",更需要"听懂"。其中,解说词的作用就是要解释、补充画面所表达不出的一些信息。考虑到广播电视新闻报道的独特性,解说词的撰写无论是在构思、行文上,还是语言的运用上都要十分注意。

第一,新闻解说词的撰写要注意文字与画面的有机结合。文字稿件并非独立的部分,它与画面内容共同构成了最终的新闻报道节目,即使文字稿件的撰写再精彩独到,如果脱离了画面影像,也会使节目出现声画不一的现象,使受众感到困惑。因此,文稿撰写要确保声画统一,即画面出现什么内容,文字就要做出相应的解释,解说词与画面能够相互补充说明,缺一不可。解说词能将不同视角的画面串联起来,丰富节目的信息,而画面则可以增强文稿的感观效果,起到"视听双通"的作用。

第二,解说词要趋于口语化。广播电视新闻有转瞬即逝的特性,为了吸引观众的注意力、引发受众的情感共鸣,解说词就要写得尽量简洁明了、通俗易懂,力求使语言更加生活化、口语化。新闻报道的目的是让受众了解当下发生的新闻事件,因此,新闻报道要确保符合公众一般化的接受理解能力,将一些专业性过强的词语、书面语、文言词改为口语,能使电视节目在播出时获得受众更多情感共鸣。

3. 混录合成

在画面编辑与文字写作完成后,就进入节目的混录合成阶段。这一阶段的工作常常需要复制一段配音带供配解说词、同期声以及音响、音乐使用。混录合成就是将同期声、解说、音乐三者之间按节目的需要有机结合在一起,录在同一个声道上。虽然配音和混录合成一般由专业人员来完成,但记者编辑也需要参与其中,向播音员及录音师阐述创作的意图,提出创作要求。在完成混录合成后,记者要及时检查声音的质量是否符合技术标准,声音是否连贯、完整,解说词、同期声能否与画面匹配准确等等,这是综合处理的最后阶段。

4. 送审播出

最后,广播电视记者需要根据写好的文字稿件,配上相应的拍摄画面和人物采访,并将初步剪辑好的片子送到后期进行包装、特效制作和精装。在完成这些工作后,样片就可以送审,审核通过后节目将等待最终的正式播出。

就工作职责而言,前期与后期这两个环节共同构成了电视记者的主要工作内容。前期采访是后期编辑的基础,后期编辑则是对前期采访的完善,二者相辅相成,缺一不可。前期采访的大量准备工作,能够保证后期的节目剪辑有充分的素材内容,使新闻报道做到"有话可说";而后期的编辑制作,只有准确把握记者采访与报道的意图,才能更好地展现新闻作品的核心内涵。可以说,在从事广播电视采访与报道的过程中,有了前后期工作的完美配合,才能使一条有价值的新闻最终呈现在大众眼前。因此,电视记者在从事采访报道活动时,一定要充分把握好前后期的工作关系,协调好采访与报道的各方注意事项,以制作出核心思想集中的高质量新闻节目。

第二节　广播电视记者的素质与修养

如今媒介融合发展已进入深水区,在新闻传播介质多样化的当下,新闻从业人员应该具备怎样的素养来适应这一新的传播生态,才能使媒体更好地保持用户黏性,进而实现长期稳定发展? 全媒体时代新传播环境对新闻从业人员又提出了哪些新的要求? 这些是作为一名广播电视记者不得不思考和关注的问题。

一、广播电视记者的素质要求

同其他记者一样,广播电视记者是专事采集和传播新闻的职业工作者,是社会活动家,是社会正义的守护神。广播电视记者和其他记者一样,都必须具备独特的新闻敏感,较为丰富的知识和阅历,强烈的正义感和使命感,较强的社会活动能力。

但是广播电视记者因其行业的技术性和工作方式,也具有许多不同的特点,对其素质也有不同的要求,尤其是电视记者。做一名合格的电视记者,应当具备以下6项条件。

(1) 具备良好的政治素养。电视记者编辑身为媒体人,主要发挥着党和政府喉舌的重要作用,同时也担当着将普通民众对于国家愿望向党和政府进行反馈的重要任务。作为普通民众同政府之间的沟通桥梁,电视记者编辑这项工作本身就具备比其他一般工作更强的特殊性,而这就代表着担任电视记者编辑的工作人员必须始终坚持党的基本路线,将党和政府想要向民众传递的信息进行传播,做好党和政府同普通民众之间的连接工作。

（2）具备良好的专业素养。电视工作在同其他工作进行比较的过程中,无疑需要从事电视工作的人员具备更强的专业素养,而这不仅对电视记者编辑在专业素养方面接受专业性质的培训提出了更高的要求,同时还要求他们具备丰富的知识。

（3）具备良好的技术素养。在新媒体发展的大环境下,广播电视记者要想提升自己的工作能力和新闻制作水平,首先就要提升自己的专业技术能力。一方面,记者要培养自身的创新意识,要跟随工作形势的变化不断转换自己的工作思维,从而不断提升自己的思想适应性,使自己能够紧跟形势潮流;另一方面,广播电视新闻记者要不断提升自己对于工作新方法和新设备的应用能力,确保自己能够熟练地利用网络进行信息的搜集、整理和传播,保证自己能够随时随地利用手机、摄像机以及其他电子设备进行新闻的采编,并学会创造性地应用新闻语言,从而提升广播电视新闻对受众的适应性和影响力。

（4）具备良好的职业道德。在新媒体发展的大环境下,广播电视新闻记者要站在更高的层面,认识到自身工作对于社会发展的重要作用,从而不断提升自己的职业道德和职业操守,在工作中保持高度的热情和责任心,坚守职业原则和职业尊严,从而更好地实现自身价值。

（5）具有新闻敏感和线索深挖能力。在复杂的社会事务当中、在庞大的网络信息当中、在同质化的多媒体新闻传播竞争当中,广播电视新闻记者要想获得有效的信息是非常不容易的,要想做出对社会发展有益的、符合社会公众信息接受兴趣的新闻则是更不容易的。为此,广播电视新闻记者一定要不断培养自己对于新闻的敏感程度,不断拓展自身的信息来源渠道,在掌握第一手信息的基础上,保证采访策略的及时性和有效性,从而尽可能地还原事实,提升新闻的价值。同时,在新媒体时代,记者要能敏感地察觉生活中的异常,能在别人发现不了新闻的地方发现新闻,要能对异常现象进行准确的价值判断。记者应对事实有无新闻价值以及有多高的新闻价值做出准确的判断。另外,还要判断事实是否同时具有新闻价值和社会价值,两者都具备的事实才能有良好的传播效果。但是发现异常并不是一味地搜异猎奇,涉及国家机密、公民隐私以及低级趣味的"奇"和"异",不应当成为记者报道的对象。要坚持新闻价值标准和社会价值标准的统一,追求高品位的可读性。

(6)具备良好的语言表达能力。新闻风格讲究短、快、新,要求记者在较短且有限的时间内将新闻事实叙述清楚。全媒体记者面对如今海量的信息,更要以清楚明了的叙述让观众抓住新闻的中心,用简洁的语言将事实叙述清楚。新闻讲究客观、真实,因此,必须注意新闻语言的准确,一是叙事准确无误,二是遣词造句、表情达意的准确。抒情语言要隐含在对新闻事实进行客观报道的文字背后;准确的评论语言,是揭示新闻本质的语言,是对评论对象给以恰当的语言。同时,还要注意用生动的语言实现良好的新闻传播效果,新闻要赋予读者以可读性,其生动性可以吸引大量的读者。[①]

新媒体的出现影响了新闻行业,改变了新闻的传播过程,也改变了传统意义上的记者工作。新闻记者的素质本身就对新闻媒介和社会起着重要作用,新媒体时代,媒介的良好未来更是要依靠新闻记者的素质。因此,新闻记者必须具备更高的素养,除了要坚持新闻报道的原则外,还要学习多项技能,培养新闻敏感性,树立受众观念,转变自身传统角色,以适应时代的发展。在新媒体时代,除了传统的采、写、编、评,电视记者还要掌握新媒体技术、互联网思维,最好能充分了解用户需求,创作出让人喜闻乐见的产品。

当前,我们进入全媒体时代,信息无处不在、无所不及、无人不用,舆论生态、媒体格局和传播方式发生深刻变化,新闻舆论工作面临新的挑战和机遇。在纷繁复杂中把握"时"与"势",广大新闻工作者尤须把政治方向摆在第一位,牢牢坚持党性原则,坚持马克思主义新闻观,坚持正确舆论导向,坚持正面宣传为主。同时,要因势而谋、应势而动、顺势而为,更好地遵循和把握新闻传播规律,始终保有危机感与忧患意识,不断创新方法和手段,主动适应媒体融合发展大势,善于运用时度效的传播艺术,着力提升新闻舆论工作的能力和水平,让新闻作品真实准确、更有温度,激发人们向上向善的力量。

面对社会思想观念和价值取向日趋多元,社会思潮激荡,主流和非主流并存的局面,以及面对复杂的媒体形式,主流媒体作为党的政策主张的传播者、

---

① 白顺义:《融媒体环境对广播电视新闻记者素质的要》,《采写编》2020年第6期。

时代风云的记录者、社会进步的推动者、公平正义的守望者,责任更加重大。2019年1月25日,习近平在十九届中共中央政治局第十二次集体学习时发表重要讲话,他指出:"做到因势而谋、应势而动、顺势而为……加快推动媒体融合发展,使主流媒体具有强大传播力、引导力、影响力、公信力,形成网上网下同心圆,使全体人民在理想信念、价值理念、道德观念上紧紧团结在一起,让正能量更强劲、主旋律更高昂。"①

传播力是引导力、影响力、公信力的基础。新闻生产的目的就是让新闻产品广为传播。在全媒体时代,人们获取信息的媒介转移到了智能手机上,传统的纸媒、电视、广播乃至PC互联网的信息传播,面临渠道失灵的危机,传播力受到严峻挑战。随着受众需求越来越多,参与意识越来越强,思想观念越来越多元,新闻传播呈现人人传播、多向传播、海量传播的特点,主流媒体如果还是内容枯燥、语言乏味、渠道单一,难免效果不佳。因此,主流媒体必须紧扣传播格局的变化,适应分众化、差异化传播趋势,突出媒体特色,精准定位受众,善于设置议题,做到同样主题、多样传播,形成全方位多层次多声部的主流舆论矩阵,加快构建舆论引导新格局。习近平总书记指出:"党报、党刊、党台、党网等主流媒体必须紧跟时代,大胆运用新技术、新机制、新模式,加快融合发展步伐,实现宣传效果的最大化和最优化。"②

导向问题是根本性问题。正确的舆论导向能凝聚人心、汇聚力量,推动党和人民事业发展;错误的舆论导向会动摇人心、瓦解意志,危害党和人民事业。今天,我们处于新媒体和全媒体时代,处于人人都手握移动麦克风的自媒体时代。在这种情况下,主流媒体就应该担负起主动引导社会舆论的责任,使社会舆论不偏离正确方向,提升人们的社会认同感,以思想的纽带把人们紧密团结在一起,为维护社会的和平稳定作出贡献。主流媒体增强新闻舆论引导力,需要讲究方式方法。只有根植百姓关注的事情,媒体的表达才容易被认同;只有被认同,才能引起受众的共鸣,容易取得良好的传播效果。此外,舆论引领要以平等的姿态、心平气和地与引导对象交流,舆论引导的目标不是钳制不同意

---

① 彭波、张璁、倪弋:《迈出建设网络强国的坚实步伐——习近平总书记关于网络安全和信息化工作重要论述综述》,《人民日报》2019年10月19日。
② 《习近平:推动媒体融合向纵深发展,巩固全党全国人民共同思想基础》(2019年1月26日),人民网,http://politics.people.com.cn/nl/2019/0126/c1024-30591056.html,最后浏览日期:2023年1月28日。

见，而是通过提供基本事实和法律政策依据让社会达成意见共识。

影响主流人群、代表主流意识、传播主流新闻、形成强大的社会影响力，这是主流媒体所追求的目标。主流媒体要增强影响力，就要准确把握新形势下人们的思想活动以及接受信息的特点，创新和改进传播方式和渠道，增强新闻宣传的亲和力、感染力及实用性，才能形成强大的影响力。正如习近平总书记强调，宣传思想工作要"既解决实际问题又解决思想问题，更好强信心、聚民心、暖人心、筑同心"。要从寻找"最大公约数"入手，要激荡"党心民意的共鸣"[1]，从诠释中央精神到关注热点事件，主流媒体要把观点和思想嵌入时代的信息流，与亿万网民对话，助力解决实际问题和思想问题、做好人心的工作，才能真正体现自身的影响力。

媒体公信力是指新闻媒体本身所具有的一种被社会公众所信赖的内在力量。它是媒体自身内在品质和外在形象在社会公众心目中所占据的位置，是衡量媒体权威性、信誉度和社会影响力的标尺，也是媒体赢得受众信赖的能力。在新媒体时代，由于受众进入新媒体门槛较低，再加上新媒体传播具有虚拟性和匿名性特点，受众在新媒体上传播的信息往往带有很大的自发性和盲目性，这就容易造成虚假信息的泛滥。在这种情况下，由于主流媒体长期以来建立起来的公信力，大众更期盼主流媒体能"以正视听"。当前，许多传统的主流媒体都纷纷开办自己的网站、微博、微信等新媒体平台，快速及时地发布信息，掌握舆论话语权，帮助受众辨别事件信息的真伪。除此之外，新媒体时代的主流媒体要扮演好舆论把关人的角色，坚持正确导向，科学引导社会主流舆论。

二、广播电视记者的工作要求

融媒体时代的快速到来，致使越来越强调快速准确地把信息发布出来，越来越多的传统媒体开始重视媒介融合。在越来越追求速度的今天，人们恨不得在事情刚发生时就想要了解到事情的原委和结果。因此，新闻的时效性也显得越来越重要，传统媒体的电视记者若只是"各司其职"，则已经难以满足媒

---

[1] 《习近平出席全国宣传思想工作会议并发表重要讲话》（2018年8月22日），新华网，http://www.xinhuanet.com/politics/leaders/2018-08/22/c_1123311028.htm，最后浏览日期：2023年1月28日。

介融合时代下对于新闻速度的追求。也正因如此,传统媒体电视记者的工作需要根据时代的新要求而不断更新。新时代的电视记者应当具备更加专业的技能。

(1) 会"拍"已成基本要求。随着智能手机的一代代发展,智能手机已经可以满足一般的电视新闻报道对像素的要求,也可以满足新闻照片对像素的要求。在当今时代,绝大多数的新闻从业者都会拥有一部智能手机,这也意味着绝大多数的新闻从业者,特别是一线记者具备了拍摄新闻图片硬件基础,在此基础之上,新闻记者便需要掌握"拍"的技能。对于一线记者来说,除了具备基本的文字采访技能以外,还需要掌握新闻摄影的基本技能,既会"写",又能"拍",一个人可以胜任多种职务,这样做的好处是便于信息及时快速的发出。

(2) 会"写"更需规范。传统媒体强调文字记者的语言功底,很多记者都是中文专业出身,语言功底深厚。但是随着时代的发展,人人都有了"麦克风",人们可以随时随地在自己的社交平台上发表看法、信息或者新闻。伴随着新闻客户端 APP 和各类新闻发布平台,记者也可以随时随地地发表新闻、信息,为了抢时效,有的新闻篇幅短,审核得也快,发布时间快。但随之而来的弊端是有些新闻把关人没有认真仔细核对信息,导致某些新闻会出现语法或者语病上的错误,更有甚者还会把某些重要人物的名字打错。从某种意义上来讲,新闻在讲究时效性的同时,也要牢牢树立新闻的真实性原则。另外,新闻有多种文体,如通讯、消息、评论等。在融媒体环境下,一线记者要具有掌握多种新闻体裁写作的能力,把自己变成一个"全能写手"。

(3) 会"跑"是锦上添花。"跑"新闻的含义是指记者擅长深入实际,能说明其主动采编的能力比较强。在当下,如果在某一时间某一地方突然发生了紧急情况,记者恐怕不是第一个赶到现场的那部分人。来自现场空间的新闻生产,并非都出自专业媒体,由于人们拥有智能手机,可能附近居民掌握的视音频资料才是第一手的资料。在这种情况下,记者是否会"跑",能不能在第一时间内把事件现场的音视频调查好并搜集好,是非常重要的。相对于记者赶到现场以后拍摄到的资料来说,这些第一手音视频是珍贵的。倘若一线记者具备"跑"的能力,不仅能够使一线记者更加深刻地了解事故现场的第一手资料,还能够使观众更加清晰深入地了解事故现场的第一情况,这对了解和处理现场具有较大的积极意义，实际上也能够帮助相关部门对事件展开详细调查。

（4）会"直播"成为主要能力。直播这个词在近些年来经常走进人们的视野。直播按照其播出的终端可以分为手机直播和电脑直播。虎牙直播、斗鱼直播一般属于电脑直播，抖音直播和 QQ 直播则一般属于手机直播。在一些特殊的节日里，中央电视台的春节联欢晚会和元宵节晚会，均采用电视直播的方式播出。随着智能手机和平板设备的产生，一些网络主播也随之衍生出来，这使得网络直播成为一种新兴的产业。一些人成为专业的网络直播职业人，他们每天以直播作为自己的工作，通过表演节目或其他形式吸引粉丝。当主播具备了一定的人气之后，就成为所谓的"网红"，会有专门的机构或者广告商给他们打赏或者补贴。同时，每个观看直播的普通用户也能够通过购买虚拟货币对主播进行打赏。特别值得关注的是手机直播在报道新闻方面的运用。一线记者在进行会议或者现场活动报道的时候，他们可以通过网络直播的方式，使用手机将报道的内容实时直播出去，传递到世界各个角落，这对信息的实时传播是非常有必要的。在融媒体时代下，电视记者需要具备同步直播信息的能力。

现在的记者已经不再是传统意义上的记者了，媒体行业对记者的要求从原来的"术业有专攻"已经转换到"一人多能"，这也就意味着未来的新闻行业对记者的素质要求将会越来越多元、越来越全面。新闻从业者只有不断丰富自己的技能，不断提高自己的行业竞争力，才能在传媒行业中站稳脚跟。

2020 年 9 月 22 日，央视新闻在 B 站（哔哩哔哩，是中国年轻世代高度聚集的文化社区和视频网站，简称"B 站"）官方账号上发布了一篇名为《总台记者王冰冰："快乐小草"，再也不用担心会"秃"了》的黄河流域生态保护视频，出镜记者王冰冰在视频中所展现出的甜美长相和专业技能被 B 站网友成功"捕获"，视频首天播放量超过 500 万，话题＃王冰冰＃同时登上微博热搜，网友采用弹幕在此条视频中刷屏，并称之为"梦开始的地方"，出镜记者王冰冰也被网友称作"央视收视密码"。①

被誉为"央视最美女记者"的王冰冰的走红是个意外。因其甜美的长相和

---

① 周宇豪、郭歌：《主流电视媒体出镜记者的转型路径探析——以央视记者王冰冰为例》，《东南传播》2021 年第 10 期。

标志性的笑容,王冰冰瞬间一跃成为大众心中的"甜美女神"。融媒时代的新闻直播记者和"网红"之间的界限愈发模糊,新闻记者为适配视频和直播的需要,不断向自媒体直播靠拢。王冰冰的直播就在不断创新话语表达方式,扭转精英语态,加上形式的灵活自然、内容的大胆创新,王冰冰与头部自媒体共同进行视频内容生产,打造适合自身的"网红体"。在"互联网 + 直播"的趋势下,打造"网红"记者已经成为各级传统媒体推动媒体融合发展、转型升级的新模式,也成为媒体塑造媒介品牌和提升媒介形象的重要推手。

在注意力稀缺的时代,媒介作为信息生产者,首要任务是获取并长期占有受众的注意力。媒体打造"网红"记者的最终目的就是为自身品牌加码,获得引起受众注意的显性竞争力,同时提升社会知名度和美誉度。从这一角度来看,媒体打造"网红"记者无可厚非。但是也须坚持媒体的责任,不应该完全遵照消费逻辑来配置和传播信息,"网红"记者不能舍本逐末。2021 年 1 月 25 日,央视网发布《4 年前的王冰冰出镜接受采访》短视频,呈现了王冰冰当年参加一次烈士纪念活动的感受。传媒将记者转化为报道对象,原本的新闻事件丧失了应有的关注,原本宏大严肃的议题逐渐失焦。"没想到素颜也这么美!""老婆!"等评论可见网民的认知重心逐渐游移和偏离,受众成了一次次点击与观看的流量,在节目中被彻底消费和物化。王冰冰被视作美女而非记者被网友围观,大部分的弹幕内容主要就王冰冰个人进行讨论。而作为视频宣传重心的内容却被大家忽视,弹幕内容完全偏离视频本身,本应该发挥舆论引导作用的新闻记者却成为话题的中心。在"你一言我一语"中,新闻的价值被大大减弱,舆论的中心逐渐偏离正常的航道。

当传媒对受众的消费逻辑凌驾于社会责任意识之上时,"网红"记者的报道就只能满足受众最浅层次的娱乐需要,或者说是一种"虚幻的满足",大众传媒应该做的是引导受众追求更高层次的精神文化需求。因此,媒介组织在打造"网红"记者时,应以引导受众树立健康、高品质的理念为己任,而不是仅依靠模仿自媒体来获取注意力。① 媒体应该坚持正向的价值导向,积极引导舆论,不能为迎合用户需求而盲目跟风,要做好心理调整,理性看待,坚守新闻专

---

① 赵霄宇:《传统媒体记者网红化现象的成因及影响探析——以央视记者王冰冰走红现象为例》,《视听》2021 年第 9 期。

业主义。

三、广播电视采访与报道的思维特点

思维是指人脑对客观事物的本质及其规律的反映,是在事物的表象、概念的基础上进行综合、分析、推理、判断的过程。新闻记者思维是记者根据新闻事实的特点和新闻报道的目的,运用新闻原则和规律,去发掘新闻信息、表现新闻价值的一种职业思维。新闻思维方法是新闻记者在新闻采写、报道活动中所采用的唯物辩证法的科学思维方法。它是进行新闻采访活动、完成报道任务的主观条件。

(一)形象思维与理性思维

形象思维是人类思维的基本形式,电视记者必须具备较强的形象思维能力。电视记者的形象思维能力主要体现在两个方面:善于从事件现场、画面形象中去发现新闻;善于选择和记录各种形象,用形象素材传情达意。具体表现在:用形象叙事;用形象论证;用形象寓意象征;用形象表达情绪和感觉。

理性思维,也叫作逻辑思维或者抽象思维,是指以概念、判断、推理的形式反映客观事物的运动规律,达到对事物本质特征、内在联系的认识过程。电视采访的理性思维主要体现在主题提炼、结构布局、采访方式、表现方式的运用等方面。电视采访理性思维离不开概念、判断、推理,但是也离不开画面形象。在采访中,形象思维和理性思维往往交织在一起,共同发生作用。

新闻工作要求新闻记者必须具备一种特殊的思维方式。优秀的新闻记者,首先要学会突破旧的思维方式,消除思维活动的"惯性",突破传统的采写模式。其次是培养逆向思维能力。所谓逆向思维就是遇到事物倒过来想一想,从相反的方向或角度来考察问题,从而发现没有注意到的新鲜事物,或者找到不曾采用过的表达形式。对于一个新闻记者来说,当大家都一窝蜂去做某种同类型报道的时候,自己能够保持清醒的头脑,来个逆向思维,做出不同的报道,就是难能可贵的。任何事物都有上下、左右、内外、前后、正反之分,当大家都从一个面向来看待事物的时候,可以从另一个角度来进行报道,这样的新闻事件会有新鲜感。新闻记者的思维方式决定了他的优秀程度。因此,新闻记者的思维方式必须是与众不同的、特殊的。

（二）新闻记者的思维方法种类

新闻记者从事新闻采访报道工作的思维，是一种独特的思维状态，除了具有一般人思维的共同特征外，还具有显著的个性特征。新闻记者的思维方法主要有逆向思维、发散思维和辩证思维三种。

逆向思维是新闻记者重要的一种思维方式，是相对顺向思维而言的思维方式，是对司空见惯的似乎已成定论的事物或观点反过来思考的一种思维方式。敢于"反其道而思之"，让思维向对立的方向发展，从问题的相反面深入地进行探索，树立新思想，创立新形象。这种思维抛开了习惯的思路和视角，能够从新的角度发现新的问题进而发现新闻。逆向思维之所以成为新闻记者的思维方法，是因为现实本身充满了悖论，而逆向思维引导新闻记者冲破思维的樊篱，寻找到新闻的新视角，并获得对目标事物的新认识。逆向思维需要新闻记者有广博的知识、独到的眼光和一定的勇气。

发散思维方式是记者发现新闻的有效途径。所谓新闻记者的发散思维，就是从新闻的要求出发，把思路向四面扩散，沿不同的方向去探求多种答案的思维形式。这一方式表现为思维视野广阔，呈现多维发散状，从多方面寻找解决问题的答案。发散思维能帮助新闻记者摆脱固定和机械的框架，让思维的触角像发射电波一样，在采写新闻过程中充分发挥想象力，突破原有的圈子，不受时间和空间的限制，朝多种多样的方向去探索，从一点向四面八方扩散，通过观念的重新组合，找出新的更多的答案，给人以标新立异的感觉。

辩证思维方式是人们进行理性思维所遵循的逻辑和原则。新闻记者用发展的、联系的、矛盾的观点去思考某新闻事件，不仅是应该的并且是必须的，因为采访对象本身就具有矛盾的对立统一性。在新闻记者采访和报道过程中，这种对立统一规律不断地在起作用，辩证思维应成为形成中心思想的主要思维形式。只有坚持辩证思维方法，才能实现由感性认识到理性认识的飞跃。在对新闻材料进行思维加工时，必须运用归纳和演绎、分析和综合、抽象与具体等方法。另外，坚持辩证思维方法对于新闻工作发展和上到新台阶有着重要意义。

（三）电视新闻记者应加强思维的培养

首先，加强知识的积累。新闻思维是一种高级理论思维活动，这种思维同知识、阅历是密切联系在一起的。渊博的知识、广泛的积累是新闻思维的基础。必须树立终身学习的思想,向书本学,在实践中学,向群众、专业人员学,积小思而成理,汇点滴以留史,夯实新闻思维的基础,学会在实践中应用新闻思维,使自己成长得更快。

其次,善于在实践中总结经验。经验来源于实践,关键在于总结。经验和知识一样,对思维方式的形成起着基础作用。思维要的创造性,实际上是经验和知识的超越和提升。思维是一个理性认识,有了好的思路、点子,就要将它很快应用到实践中去,真正发挥它的作用。如果不践行,只是挂在嘴上、写在纸上,那就没有任何实际意义。因此,新闻记者要一边学一边用,通过不断总结积累,逐步完善、提高。

再次,善于提出问题,不断寻求发现。新闻思维是艰苦的脑力劳动,新闻记者要善于提出问题,不断创新新闻思维。善于提出问题是新闻记者的一种思维方法创新。对新闻记者来说,在新闻工作中要有问题意识,有自己的思维方法,无论是社会热点,还是群众关注的问题,首先要带着问题去调查研究,提出解决这些问题的新思路、新对策,这样才能利用创新思维方法把新闻工作做好。在新闻采访活动中要不断寻求发现。学习新闻思维,目的就是要及时捕捉、报道新闻。这就要求思维一定要敏捷,不能迟钝,不分八小时内外,随时抓"活鱼"。在生活中不缺少新闻题材,而是缺少发现。新闻记者就要有思维的灵气,不断寻求发现,善于捕捉新闻题材。

最后,积极培养超前性的创造性思维。超前性的创造性思维离不开前瞻性,新闻记者要有对客观事物率先认识与预测的能力,以及对未来可能发生的变化及其走势的洞察能力。一个优秀的记者要具备超前性的创造性思维,就要用思维方法,对事物进行细致的观察、透辟的分析。因此,要积极培养新闻记者的超前思维的能力,使新闻记者在新闻采写中能深入调查研究和科学分析,能预见新闻事物形势的发展、变化,并能在新闻报道中提出新见解和新问题。

四、电视采访报道的工作过程与要求

在电视新闻的报道中,新闻采访是极其重要的,它是记者深入实际、认识实际、反映实际的过程。

(一)采访前的准备

做好新闻报道,可以说是"七分采、三分写"。成功的采访对做好电视新闻报道起着至关重要的作用。因此,在采访前首先应初步掌握新闻人物的身份、事件的背景等信息,了解当次报道相关的方针政策,以便准确掌握宣传口径,体现最新的宣传意图。新闻界有句俗话叫"吃透两头",即对上要深刻了解党和国家的系列政策方针、法律法规,对下要了解民情。然后拟定采访提纲,按时间先后或逻辑关系列出所要提的问题,最后别忘了查询一下同类性质的新闻报道,看看哪些问题别的媒体已经报道过了,那么我们就要从中看出事情的发展,选择新的主题或角度进行报道。

(二)采访的具体方式

1. 一般性采访

直接找主管领导、负责人谈,了解工作过程、经验、成绩、教训、缺点、群众反映等情况;同时,还要征求领导对采访报道计划的看法、评价、意见或建议,让新闻本身在政策和事实上报道得更准确;还可以在了解某个重点问题和全面情况时采取形式简便、效果显著的方式,如组织开调查会的方式;必要时为了解某个具体问题或细节,找当事人或其他知情人做个别访问,进行细致调查。此外,从现成书面材料中也能找到一些可用的线索,自己再亲临现场进行采访。需要注意的是,引用线索时切忌照抄照搬,需要结合采访主题和采访对象进行灵活处理,以保证采访活动的顺利进行。

2. 隐蔽性采访

所谓隐蔽性采访,是指电视台记者不暴露真实身份和采访目的,以暗拍、暗录、暗访等隐蔽手段对人物或事件进行的采访。利用这种非常规的采访手段,可以避开不必要的干预和阻碍,更真实、更客观地获取第一手材料,增强报道的说服力和可信度。需要注意的是,隐蔽性采访必须以社会公共利益需要为前提,且在法律许可的范围内进行,同时要求记者严格遵守有关法律。

3. 即兴采访

即兴采访指记者在采访时受突如其来、意想不到的场面影响产生兴致,提出超出准备范围或高于拟定话题的采访内容。从实践上说,即兴采访具有强烈的现场调查感和不容置疑的印证过程,还可以对事件起到穿针引线和悬念吸引的作用,使观众产生见其人、闻其声、身临其境的感觉,大大增强记者采访的现场感、真实感、生动感、亲切感以及观众的参与感,这正是新闻所追求的真实性。

(三)采访的工作要求

1. 增强平等意识

这里所说的平等意识,是指电视新闻记者以平民化的价值取向与平视生活的视角来观察和思考问题,摒弃因职业和技术优势带来的那种居高临下的惯性思维方式,从日常生活中挖掘新闻素材,与采访对象平等交流,并能深入采访对象所在的环境,和采访对象打成一片。如果你采访一名车间工人,在办公室谈和到他工作的车间谈,效果是不一样的。同时,采访要细致,注意点和面的结合,多方位、多角度选取材料,并一定要到现场去观察、了解事物发展的全过程,通过摄像机镜头让受众看到实地景物,令报道真实、准确,不出差错。

2. 掌握采访技巧

电视新闻采访以人的活动为主体,因此必须掌握与现场被采访对象的沟通技巧。比如采访农民,你就要掌握农民的语言习惯,从家庭情况、种几亩地、收入多少等家常事入手,关注他们最关切的事,步步引导,通过简单而又巧妙的提问,引出被采访者对整个问题的回答,有时候他们甚至会说出你意想不到的新鲜东西来。在采访中也可以采取快速提问的交谈方法,在几十分钟内得到通常几个小时才能得到的东西,这要求记者有高度的语言归纳概括能力。同时,要注重素材的选择,采访的过程往往是大量新闻素材收集的过程,因此必须对所掌握的材料进行主题的提炼,选的材料一定要精,能以一当百。如果把所有好的事例、素材不加选择地都罗列出来,受众反而不会有太大触动。

3. 突出电视新闻特点

首先要拍好画面,力求工整,富于表现力,并精心搜集现场背景声。电视记者要认识到电视画面、声音的作用,在受众面前建立起相对和谐、完整的画面与声音,突出电视新闻传播的整体性。电视新闻记者要学习蒙太奇思维,能借鉴影视化手段表达新闻五要素,增强新闻报道价值。培育电视叙事意识,就是运用电视叙事艺术手段做新闻,实现电视新闻美学建构。电视新闻属于叙事范畴,要求电视新闻记者掌握良好的叙事艺术,全面突出新闻叙事的美学特征,保障新闻信息的有效传递。

电视作为一种大众媒体,对社会具有广泛的影响力,是当今人们了解世界的重要信息来源,而新闻记者正是这一大众媒体的前沿、触角,其工作的好坏影响到广大群众接收的信息的真实与虚假、完整与片面、肤浅与深刻。因此,广大电视新闻工作者要提高自身素质,做到所做新闻具有真实性、完整性、警示性。

思考题

1. 什么是广播电视记者?简要谈谈电视记者的具体分工职责。

2. 选择自己较为熟悉的电视栏目作为参照样本,根据该栏目的选题要求独立策划一期节目选题。

(1)撰写选题报告。内容包括:选题来源、选题理由、选题的新闻价值分析、收视效果和社会效益分析等。

(2)设计采访方案。内容包括:采访对象、重点话题、关键情节等。

第三章　新闻线索与新闻选题

发现新闻线索的能力与策划一个好的新闻选题之间有着非常重要的联系。线索是新闻的源头，也是新闻节目制作的基本前提。除了主动爆料之外，一般情况下，新闻线索需要记者主动挖掘。但是，从新闻线索的获取现状来看，网络时代的新闻线索数量众多、良莠不齐，广播电视记者需要提升获取新闻线索的能力，抢占先机，进而才能策划一个好的新闻选题，提升广播电视媒体的影响力。

第一节　新闻线索

新媒体的发展使传统广播电视媒体受到较大的影响，外界环境的变化对广播电视记者提出了更高的要求。在传统媒体环境下，广播电视记者获取新闻线索的渠道比较单一，随着新媒体的出现，这种单一的途径和方式已经无法适应时代的发展。这就要求广播电视记者不断拓宽新闻线索渠道，从而掌握更加详细的新闻信息。同时，广播电视记者获取新闻线索的难度是比较大的。为了保证广播电视媒体的权威，广播电视记者所获取的新闻线索必须绝对真实。但是，当今新闻资讯呈爆炸式增长，在众多的新闻线索中，真假难以区分，必须进行深入的调查加以辨别。这就在很大程度上增加了广播电视记者的困难。[①]

一、新闻线索的概念与分类

美国新闻学家麦尔文·曼切尔（Melvin Mencher）曾说过："消息来源是记

---

① 任亚洲：《广播电视台记者如何有效获取新闻线索》，《记者观察》2020年第14期。

者生命的血液。"①新闻线索,又称采访线索或报道线索,是指为新闻采访报道提供有待证实、扩展和深化的讯息,给新闻记者提示新闻的所在及新闻采访的方向。例如,可能成为新闻的或具有一定新闻价值的某种事实所传播的信息,也可以说是已经或者将要发生的新闻事实所发出的信号。新闻线索不等于新闻事实,而是记者发掘题材的一种凭据。它比较简略,要素不全,没有事物的全貌和全部过程,常常只是一个片段或概况。

新闻线索通常可以分为再生型新闻线索、固定型新闻线索和随机型新闻线索。再生型新闻线索是从经过社会传播的"社会信息"中挖掘的新闻线索。其来源主要是新闻媒介、广告信息以及受众的反馈。能挖掘的再生型新闻线索有以下5种情况:(1)只简单报道了新闻事件的梗概,需要进一步作详细的报道和说明;(2)只报道了事物的某个方面,而受众还期望了解其他方面的情况;(3)已有的报道挖掘不深,需要进一步揭示新闻事件的本质、意义;(4)广大受众希望了解同已有的报道相关的事物、人物等有关情况;(5)已报道的重大新闻事件、新闻人物等,又有了新的变化或发展,补充有关事实内容,或变换写作形式,可以让新闻在更大范围内传播。

固定型新闻线索主要是从固定可靠的渠道获得的新闻线索,是新闻记者所获得的大量新闻线索的重要组成部分。这种固定的线索来源渠道,是记者"信息来源网络"中的主干,如各级党组织和政府部门的文件、领导同志的讲话等。

随机型新闻线索是指新闻记者处处留心、随机捕捉的新闻线索。其特点是随机而遇、不期而遇,具有很大的随意性,稍纵即逝;同时,可能因为中间环节过多,准确性低,有的甚至可能面目全非。

相对于新闻事实,多数新闻线索显得较为简略,没有过程,更没有细节,新闻要素不全,往往是比较零碎的,信息是不完整的。新闻线索稍纵即逝,且出现带有一定的偶然性,涉及较多的是表象,可能确有其事,也可能只是假象,或者是真假混杂,它的可靠性有待记者进一步去核实。

新闻线索是记者实施采访决策的基础。记者占有的新闻线索越多,采访

---

① [美]麦尔文·曼切尔:《新闻报道与写作》,艾丰、张争、明安香等编译,广播出版社1981年版,第21页。

决策的主动性就越大,选择性就越多,采制好的电视新闻的概率就越高;反之,记者的工作就可能处于被动之中。获取和辨别新闻线索主要依靠记者的新闻敏感,新闻敏感是记者在长期新闻实践中培养出来的。一个敬业的记者总是处于高度警觉状态,所谓"耳听八方,眼观六路",对于任何风吹草动总是会予以思考,从中发现有新闻价值的东西。

二、获取新闻线索的途径及能力要求

线索来源于人们的社会实践。因此,到实际中去,到群众中去,到新闻的源头去是根本途径。

首先要培养政治敏感性。电视记者可以从党政方针政策的角度透过现象看本质,经过小事洞察线索。当各级工作总结公布之后,记者应该第一时间研读,注意提炼新精神、新方向、新动态。另外,善于对各种文件、各种会议、通知通讯简报、情况反映、工作总结、领导讲话、报告、批示等进行横向或纵向的对比,从文字材料的差异方面察觉有价值的线索。

其次要培养社会活动能力。依靠"信息联络网"获取线索,这是最有效也最生动的新闻线索来源。善于在基层结交了解"下情"的人,如基层干部、群众中的先进活跃分子及代表性人物,从与其交流中搜集新闻线索。在领导机关,结交了解情况又多又快的人,如主要领导干部、领导秘书、办公室主任、宣传干部、公关人员、翻译、司机等。另外,还要结交一些智囊,主要是专家、学者、具有某种丰富经验和专业特长的人。还可以采访基层的干部、群众代表、骨干通讯员、常联系的其他记者等。

再次要提高新闻敏感和专业意识。现代媒体的竞争压力很大,独家新闻报道几乎不能实现。要想在事件发生的第一时间获得线索,必须具备理性敏锐的思考力。同样的新闻事实,有时会因为记者判断力和敏感度的差别而出现截然不同的传播效果。在新闻报道中,记者要有绝对的新闻敏感,保持"记者意识",善于从所见所闻中体会和思考。

另外,善于从各种传播媒体引出线索。当前媒介呈现多元化、融合发展的新生态,在新媒体迅猛发展的数字时代,层出不穷的信息速递、传播快捷的呈现媒介,为记者提供了最及时、最全面的新闻线索来源。特别是微博、微信、抖音等自媒体和社交媒体,群众参与度之广、情境随意性之大、信息发布性之快、

内容涵盖性之多，让自媒体和社交媒体以压倒之势，发展为新媒体的佼佼者，成为各大媒体获取新闻线索的主要渠道。因而，记者也需要紧跟时代潮流，培养自己的"网感"，在新媒体素养方面，快速学习和掌握新潮的媒介形式，无论是内容还是形式，要做到适应发展，不脱离民众，成为新闻的传播者和把关者。身处5G时代，网络数据无处不在，在突发事件报道中，大数据技术可以快速抓取全网用户的讨论"热点"。美联社配置的智能平台山姆（SAM）通过分析各大社交平台的数据，实现聊天文本的自然语言处理（Natural Language Processing，NLP），以检测有新闻价值的事件，这比通过人力去获取新闻线索更快速便捷。在新冠肺炎疫情中，我国的主流媒体、互联网技术企业都借助大数据平台，及时捕捉网络话题，实时进行专题汇总。

通过庞大的互联网采集矩阵所积聚的海量新闻资讯与消息，为新冠肺炎疫情下的各媒体单位提供了定向的专题数据服务。通过智能标签技术，可以将所采集的数据自动按地域、领域、人物、机构、媒体等分为诸多智能标签。通过这些标签，可以在业务场景需要聚合新冠肺炎疫情数据的时候，快速从海量数据中按需筛选出来。借助智慧媒体编辑部所提供的热点事件追踪分析能力，可以快速构建相关热门事件的追踪服务，全方位对该事件进行跟踪与深入分析。

相较于以前更多依赖有经验的编辑或主任编辑去判断新闻线索，在智慧编辑部，完全可以依靠相关媒体大数据分析技术进行自动筛选，再辅以编辑判断，即可快速定下相关选题。[1]通过这些对热门事件的持续追踪与深入分析，不难发现，智慧媒体编辑部更应该积极参与热门事件发展、传播的过程，随时掌控事件演化趋势，从更合理的角度去切入话题，有效引导公众情绪向正面发展，及时对不实信息进行积极、有效的辟谣。

最后，随时随地从日常生活中捕捉线索。"世事洞明皆学问，人情练达即文章"，只要多个心眼，新闻就在身边。2018年习近平总书记在全国宣传思想工作会议上对新闻工作者提出增强"脚力、眼力、脑力、笔力"要求。记者不能守株待兔，新闻线索也不可能凭空产生，需要广泛参与群众生活实践，将百姓

---

[1] 顾名贵、郝冠南、刘星宏：《创新新闻表达，开启新颖智慧——AI智能编辑部赋能人民日报社两会全媒体报道》，《中国传媒科技》2020年第6期。

生活整合到新闻话题中,形成良好的职业新闻习惯,以责任意识和专业主义来判断新闻线索。结合时代大背景、社会主流趋势及宣传重点或存在的问题,发现苗头、全程跟踪、转换角度、带着群众关心的社会问题做调查研究,主动出击去寻找线索。在完成某个采访任务过程中留心新线索,如线索过多要分轻重缓急,全面安排采访活动,进行"立体"采访。此外,在立体采访中,还要善于存储一些当时用不上或尚不成熟的线索,待时机成熟时使用。

第二节 获取新闻线索的主要渠道和方法

新闻线索是新闻报道的开端,一条新闻线索的质量可能决定了新闻报道的最终质量。能够在变化多端的客观现实中发现新闻线索,对于记者来说,是一项极为重要的能力,而这种发现新闻线索的能力有赖于记者的新闻敏感。

以往媒体通过群众报料获取信息的方式,大多数是通过在纸媒留下相关的信息,而现在随着新媒体的发展,媒体接收大众报料的渠道愈加丰富,微信、微博等都逐渐成为记者获取新闻线索的重要平台。因此,对于这些新媒体平台也应引起记者们的高度重视。

一、获取新闻线索的渠道

对于已经在媒体行业从业多年的记者来说,他们大多已形成具有个人特色的新闻线索来源网;而对于刚进入该行业的记者来说,对于如何获取新闻线索,他们往往还比较模糊。虽然说新闻线索具有不确定性等特点,但媒体多年实践表明,新闻线索大多来自以下六个渠道。

(一)从个人的社会关系中获取新闻线索

记者可以从个人的社会关系中获取新闻线索,如从朋友关系、亲属关系、族群关系、各种社会组织和党政组织关系中获取。这些关系构成了记者的社会关系网络,在其中有着丰富的信息流通。因此,通过这些社会关系,记者可以从中挖掘新闻线索。

美国最负盛名的新闻工作者、专栏作家和新闻传播学家沃尔特·李普曼

(Walter Lippmann),一生发表过 1.4 万篇时政专栏文章,曾连续多年平均每天发表一篇报纸政论。如此高产的原因之一,是他高度重视社会交往。他几乎每天都分别与各界朋友吃饭或喝咖啡交流,即便外出旅行,回家的第一个晚上也必定举行"小型晚宴,让朋友们为他介绍他不在华盛顿时发生的种种事件",且"晚会规模一般都比较小,大多只限于那些消息灵通人士"。① 李普曼能够如此消息灵通,与其发达的社会交往网络密切相关。

(二)从个人生活中获取新闻线索

在个人的生活观察中发现新闻线索。客观现实一直处在不停的变化之中,而记者就是要在这种变化之中去发现和寻找新闻线索。有时候,一些不起眼的变化背后往往蕴含着巨大的新闻价值,记者需要观察并记录这些细微的变化,并将其转化为一条条新闻线索。观察越是细致入微的记者,越是能够发现与众不同的线索。记者的另一重身份是群众,在日常生活中会有多种多样的体验。一方面,记者可以在自己的生活中去"发现问题",有问题的地方往往能够发现新闻线索;另一方面,记者在生活中也要多听取来自其他人的生活体验,如大众在生活中是否遇到困难、大众对于社会上的一些现象有何看法和意见等等,这些都是新闻线索的重要来源。记者不能被动地等在办公室接收别人主动给的新闻线索,也要积极地融入社会生活,多进行观察和体验,更主动地获取新闻线索。

(三)从政府各主管部门获取新闻线索

过去的电视栏目常常归口各个不同的党政部门,这些党政部门经常会向对口的栏目通报各种信息,这些信息都可以成为新闻线索。最近一些年来,虽然栏目归口的趋势在减弱,但是各个电视栏目对党政部门新闻线索的依赖性仍然很大,如从公安、工商、环保、教育、质检、气象、交通、民航等部门获取新闻线索。但通过此种渠道获取新闻线索时,记者要正确看待媒体与政府的关系,以及媒体与政府信息来源的关系。在我国,媒体是党和人民的"喉舌",媒体与政府更多是一种合作关系,媒体向人民群众传递政府的相关政策和信息,政府

---

① 辜晓进:《新闻线索七大来源探析》,《新闻与写作》2014 年第 12 期。

通过媒体得知民情民意。但媒体不可过于依赖政府信息来源,即便有了来自政府的新闻线索,也要多加采访。

(四)从各种会议中获取新闻线索

我国有着各种类别和级别的会议,例如"两会"、各种新闻发布会等等,这些会议中的每一句话都可能成为一条新闻线索。不只是会议本身的内容可以成为新闻线索,记者也可以就会议内容进行深度和广度的挖掘,使其转换为更多的新闻线索。

(五)从网络中获取新闻线索

随着互联网的发展,信息的发布权已不再集中于媒体,普通群众也可以通过网络发布相关信息。现在越来越多的议程,并非从媒体开始,而是由群众自行将相关信息发布在网络上。例如,事件当事人在微博上发布"求助信息",事件目击者拍摄视频上传至网络等,许多新闻事件最开始的发源之处是在网络。这些当事人或者目击者发布的信息,往往是极具价值的一手资料,对于记者来说也是很重要的新闻线索。因此,记者应当时刻关注网络上的信息内容,从中发现具有价值的新闻线索。

由于互联网时代信息庞杂,新闻线索虽然数量庞大但也存在质量较低的问题,甚至可能蕴含许多捏造出来的虚假消息。因此,记者在通过此种渠道获取新闻线索时,要注意甄别信息的真假,多做事实核查,避免出现失实新闻等情况。

(六)线人(报料人)机制

报料指的是记者或者媒体通过设立电话、短信、微信、邮件等方式,鼓励群众向媒体提供新闻线索的一种方式。为鼓励群众提供新闻线索,不少媒体都设置了"新闻线索奖",针对提供线索的群众给予一定的奖励。据报道,前些年中央电视台仅《焦点访谈》一个节目,每天就收到电话500多个,电子邮件1 000多封,信函300多封。

二、增强发现线索的能力

不同的人对于新闻的敏感程度有所不同,虽然个人特性会影响对于新闻线索的感知程度，但通过培养和训练，新闻敏感度是能够得到提升的，这就需要记者在生活和工作中有意识地通过各种方式锻炼自身的新闻敏感。

新闻敏感表面上看是一种对新闻的敏感。这种感觉似乎是模糊的，但在面对具体个案时却可能是真实而清晰的。它指向一种专业能力，即感知和判断某一信息是否具有新闻价值或具有怎样的新闻价值的能力。新闻敏感看似玄虚，实则落实在对具体事实的认知上，关乎新闻报道质量的核心能力。新闻敏感是一个尺度，具有不同新闻敏感的记者，对新闻事实的感受能力是不同的。

新闻敏感要求记者能够明确新闻事实在全局中的位置，记者不仅能就事论事，还能将新闻事实置于大背景之下进行思考，明确新闻事实在全局中处于一个怎样的位置，对于全局是否会产生影响。

首先，能够判断新闻事实与受众的关联性。记者要有判断新闻事实是否能够引起受众关注的能力，以及新闻事实会引发多大的舆论的能力，这样记者在进行报道的时候才能够有的放矢，把握新闻报道的度量。

其次，能够透过新闻事实看到背后的变化与问题，从而确定新闻报道的角度与细节。对于相同的新闻事实，新闻敏感不同的记者所呈现的新闻报道也不同。新闻敏感较弱的记者，可能只是反映表面的新闻事实，而资深的记者却能透过现象看本质，挖掘新闻事实背后的问题，从而写出更有感染力、更有社会价值的报道。能够透过新闻事实看到其背后的变化和问题，说明记者已经有了一定的新闻敏感。

最后，能够预判按照规律可能出现的新闻。最典型的例如在一些重大时间点可能发生的新闻，对于此类新闻，进行报道并不难，难的是如何才能使报道有新意、有价值。这就需要记者对此类新闻有所准备，通过准备报道策划等方式事先准备好从何种角度对可能出现的新闻事实进行报道。

（一）新闻敏感的作用

拥有新闻敏感可以帮助记者快速挖掘新闻线索，使记者在获取新闻线索时事半功倍。新闻敏感又称"新闻鼻"，顾名思义，拥有"新闻鼻"的记者能够快速感知有价值的新闻线索，从而在获取新闻线索方面效率更高、速度更快。

新闻敏感的灵活使用，可以使记者发现具有价值的新闻细节，从而提升新闻报道的感染力。新闻敏感不仅能够帮助记者快速地发现新闻线索，记者也可以通过新闻敏感，发现别人关注不到的新闻细节，从不同的角度对新闻事件进行报道，形成独具个人特色的报道风格。

（二）培养新闻敏感

在新闻实践中，有的记者可以找到源源不断的新闻线索，而有的记者却苦于如何发掘有价值的新闻，这与每个人的新闻敏感是有关系的。对多数人来说，新闻敏感并非天生拥有，需要通过实践培养出来。这需要记者在日常的工作中有意识地进行归纳和学习，在长期的新闻实践中总结经验，并将之再运用到实践中去。通过不断的归纳经验和实践经验，记者的新闻敏感才能够不断成长。培养良好的新闻敏感，有利于提升记者的综合素质。新闻敏感是一个记者应当具备的基本素质，通过在日常工作和生活中的锻炼，记者可以培养自身的新闻敏感。新闻敏感的增强，也有利于记者提升其他方面的综合素质，从而形成一个良好的循环。具体来说，记者在工作和生活中可以通过以下6个渠道培养自身的新闻敏感。然而，对于新闻敏感的培养仅从书面学习知识是不够的，更多还是要通过具体的实践去领悟。

1. 要有问题意识

记者应当时刻保有好奇心，不但要擅长问"是什么"，更要总问"为什么"。归根结底，这就是要求记者有问题意识。正如笛卡尔（René Descartes）所说："怀疑是理性的始祖。"带着问题意识大胆怀疑，再小心求证，是记者应当有的素质和能力。

2. 改变思维模式

突破单一思维，从多角度挖掘新闻价值，提升新闻报道的广度。在思考如何进行新闻报道时，记者可以发散思维，从多方面思考关于新闻事件的报道方向。面对相同的新闻事实，不同的记者往往能够想到不同的报道角度，这就是新闻报道广度的体现。

透过表象看本质，深入挖掘新闻内涵。一般的新闻报道基本停留在对新闻事件表面的反映和记录上，但一篇更有价值的报道，必然是有深度的。这就需要记者在报道时，不能只满足于表面事实，还要有刨根问底的精神，去思考事件背后所隐藏的本质问题。

2019年3月,中央人民广播电台新闻热线收到一封实名举报材料,反映牡丹江的国有林地里,有一个叫"曹园"的地方违法占地、违法毁林,面积惊人。记者接到报料后,先是网上查阅资料,随后到事件现场借助无人机拍摄一手资料,走访周围村民获取更多信息,并联系相关部门了解情况。记者通过多种方式进行深入的调查,最终形成了扎实的事实证据,揭露了"曹园"这一规模惊人的违法建筑。报道《神秘"曹园"》一经中国之声《新闻纵横》栏目播出,产生了巨大的社会影响力,其热度持续了将近一个月时间,为国家的生态文明建设作出了积极贡献。该报道表明,正是记者对获取到的新闻线索进行深入的挖掘,才能够对一个较为复杂的事件做出清晰透彻的报道。

改变定式思维,逆向思考新闻事件。2018年夏,河北贫困女生王心仪以优异成绩考上北京大学。《河北青年报》微信公众号发表《河北一寒门女孩707分考入北大!她写的〈感谢贫穷〉一文看哭了所有人……》。此后,众多媒体对《感谢贫穷》作了"正面报道"。然而,《光明日报》却刊发了评论——《707分考生王心仪:应该感谢的是不屈的精神,而不是贫穷》。[①] 这就是典型的逆向思维的体现。记者对于新闻事件要敢于质疑,从而提出与众不同的观点,形成价值独到的报道。但这需要记者有深厚的专业功底以及敢于质疑的勇气。

3. 培养政治敏感

记者需要时刻保持理论学习的主动性,把学习当成工作和生活的一部分。特别是对党的理论成果要先学一步,学深学透,切实做到通晓党的方针政策,了解每个时期党的工作重点,以及党的方针政策在贯彻过程中广大群众产生的意见。[②]《陕西新闻联播》电视消息《革命老区延安实现整体脱贫》,紧扣习近平总书记2015年在延安主持召开陕甘宁革命老区脱贫致富座谈会的重要讲话精神,以延安精神为主线,以生态改善和产业脱贫为切入口,以延安市最后脱贫的延川县、宜川县为重点,讲述果农依靠种植苹果脱贫致富的故事。整个报道点与面有机结合,脱贫现实与延安历史纵横交融,生动翔实地反

[①] 龚升平、桂彦玲:《后新闻业时代新闻报道角度的重构》,《新闻与写作》2019年第1期。
[②] 谷喜合:《基层记者如何培养新闻敏感》,《青年记者》2012年第8期。

映了革命老区人民牢记习近平总书记殷殷嘱托,在精准扶贫政策推动下,告别绝对贫困的巨大变化,充分展现了延安作为全国首个整体性脱贫的革命老区的样本价值。① 如果没有政治敏感,对于国家政策不了解,记者在面对此类报道时就难以下手。

4. 充实知识结构

新闻敏感不仅要求新闻记者有较强的专业知识,而且还需具备自然科学、人文社会科学等知识。2020年11月,在浙江省十三届人大常委会第二十五次会议召开时,浙江之声的记者敏锐地注意到了当时正在审议的《浙江省数字经济促进条例(草案)》,并敏感捕捉到了该条例(草案)的新闻价值,随后进行了跟进和采访,最终形成了一则广播消息《全国首个!浙江为数字经济立法》,刊播于浙江之声。该则报道对此次审议内容中的数字经济概念,以及与数字产业化、产业数字化相关的法律界定等内容展开了清晰的阐释与分析。正因为记者具备丰富的知识结构,才能够敏锐感知到新闻价值,并在采访中与法规的起草者、数字经济专家等采访对象进行有效的交流,从而形成逻辑清晰、重点突出的报道。

5. 擅于使用新媒体

如今网络传播趋于去中心化,媒体不再垄断信息发布的渠道,组织、个人都可以在网络上发布、传播信息,其中就可能蕴含着新闻线索。记者要具备使用各种新媒体的能力,从而更好地在实践中培养自身的新闻敏感。

2020年8月中旬,一个名为"你笑起来的样子真好看"的微博引起了记者的关注,内容是永州一名化妆师免费为村里的留守大妈化妆。在敏锐的感知下,记者发现了该线索具有的新闻价值,于是找到在零陵开店的化妆师周文娟,并先后四次跟随采访,最终形成电视消息《村里来了化妆师 大妈原来这么美》。记者以农村妇女转变生活态度,开始尝试化妆这一新闻事件切入,在报道中反映了农村生活富裕之后当地人民精神面貌的变化,展示了新时代社会主义建设的成果。一个网络上看似寻常的内容,在记者的挖掘下形成了具有价值的新闻报道,这离不开记者对于新媒体中隐藏着的新闻线索的重视与

---

① 周然毅:《围绕中心服务大局 增强"四力"守正出新——第三十届中国新闻奖电视消息类获奖作品解析》,《新闻战线》2020年第21期。

关注,也离不开记者在实践中锻炼出来的新闻敏感。

6. 融入生活之中

随时随地记录你的想法。很多想法都是不经意出现在脑海中,如果不及时记录,就会成为过眼云烟。因此,记者在生活中如果有什么想法,无论今后是否会用到,可以先将其记录下来,将来可能成为新闻线索,或者发现新闻线索的灵感所在。如果对某一方面的话题比较感兴趣,可以在生活和工作中搜集相关信息,拥有足够的资料,既可以从中发现新闻线索,也可以为将来的新闻报道提供素材。另外,记者在生活和工作中应当建立起一个自己的信息网络,找到各种信息中介,与其保持良好的关系。一方面,这些信息中介可能为记者提供直接的新闻线索;另一方面,记者在获取新闻线索之后,也可以通过信息中介寻找更多的相关事实。

第三节　新闻线索的评估和利用

线索的提供来自社会不同层次的读者,反映不同领域的角落、不同方面的内容。但这些线索只是报道事实的简明信息与信号,而不是报道事实的本身。这需要记者不仅有善于发现线索的洞察力,更要有对线索的鉴别能力。当记者获取和掌握了大量的新闻线索以后,必须对这些新闻线索进行评估,以便决定哪些线索有可用价值。真正列入采访报道计划的是那些最具真实性、最有新闻价值,又最具有操作可行性的新闻。

一、对每一条新闻线索进行认真核实

新闻线索毕竟只是线索,并不是新闻事实本身,它只是新闻事实的简明信息和信号,这些信息和信号可能是虚构的,也可能是一种假象。如果对于获取的新闻线索不进行核实和深入调查,就容易造成新闻失实,抑或虚假新闻。因此,对于新闻线索的核实是每一位新闻工作者获取线索的第一步。有些采访线索的内容很详细具体,不仅有时间、地点、人物、事情经过、原因等完整的新闻要素,而且有生动的细节,但是记者采访核实之后获得的材料并没有超出新闻线索所提供的情况是很少见的。大量的新闻线索是比较模糊、零碎的,有些

线索甚至与新闻事实完全相反。① 总之,在获取新闻线索之后,首先要对其进行认真核实,再顺藤摸瓜,由表及里,挖掘有价值的新闻。

新闻线索的核实,包括人物身份、主要事实经过、关键性的情节内容等,可以通过电话、互联网、采访等方式核实,也可以直接与事件当事人联系,或者与当事人所在的单位、组织或其他社会关系联系。在实践中经常会发现新闻线索不准确,或者完全不实,这样的线索应立即废弃。同时,对于新闻线索的真假性也要认真核实。记者接获新闻线索但未确认其真实性时,显然不能将其直接制作成新闻稿件在媒体上呈现。即使为了抢时效,也应交叉验证,不能自行"审判"。尤其电视新闻是权威性的,电视新闻记者在获取新闻线索的过程中要保证线索的真实和完善。但是,在现实中存在很多不完善或者不真实的信息,这样的信息会给电视新闻记者获取关键线索带来很大干扰。因此,新闻记者若要从数以万计的信息中,准确寻找新闻线索,就要根据实际情况,进行科学筛选。针对新闻线索真假的分辨,则需要记者亲自到现场进行甄别或者进行实地调查。

2020年4月9日,《南风窗》发布的《涉嫌性侵未成年女儿三年,揭开这位总裁父亲的"画皮"》②一文在互联网上引起了广泛的讨论和关注。4月13日,财新网对《高管性侵养女事件疑云》一文发布了道歉声明,"我们认真核查,报道确有采访不够充分、行文存在偏颇之处,已在当日撤回报道"。③ 听到风就是雨、未经查证即创作成新闻报道并公之天下,这是近年来新闻媒体的"典型病"。在《南风窗》的这篇报道中,提到的新闻事实有30多条,只有几条出自当事人之口,其余信息均没有准确的消息源。《南风窗》在收到新闻线索的时候却没有对其真实性进行核实。9月17日,最高人民检察院、公安部联合督导组通报鲍某某涉嫌性侵韩某某案调查情况:经全面深入调查,现有证据不能证实鲍某某的行为构成性侵犯罪。通报中详细介绍了案件的一些信息,比如李某某涉嫌伪造年龄,鲍某某没有限制人身自由等。鲍某某最后被驱逐出境,涉

---

① 曾祥敏:《电视采访》,中国传媒大学出版社2018年版,第36页。
② 陈舟:《涉嫌性侵未成年女儿三年,揭开这位总裁父亲的"画皮"》(2020年4月9日),微信公众号"南风窗",https://mp.weixin.qq.com/s/4YeU6Wceg78LFPftIcaliA,最后浏览日期:2022年12月29日。
③ 《财新就〈高管性侵养女事件疑云〉一文致歉:采访不够充分行文有失偏颇》(2020年4月13日),搜狐网,https://www.sohu.com/a/387754002_410899,最后浏览日期:2023年1月28日。

嫌修改年龄的相关工作人员也受到了处罚。

在这个案件的发展过程中,虽然鲍某某的行为让大众咬牙切齿,但是这场舆论的推手——媒体也存在问题。在一开始收到李某某提供的新闻线索后,媒体并没有对当事人的身份信息进行核实,也没有对另一方当事人进行采访,更没有联系到报警的派出所进行二次确认就发布了文章,甚至在事实的呈现部分,存在明显的故事虚构成分。

由此看来,在获取新闻线索之后的核实和深入调查尤为重要,新闻报道的真实性是决定新闻可信度和质量的标准。因此,电视新闻记者接到新闻线索后,不能片面地进行传播,需要到现场收集信息,只有真实的体验和核查才能分辨新闻线索的真假。记者在进行线索收集之前,可以向第三方查证,或者采访多方证人,来保证新闻线索的真实性。

二、对初步入选的新闻线索进行价值判断

如果说真实是新闻的生命,那么对新闻线索进行价值判断是其中的重要部分。是否善于捕捉到有价值的新闻线索,是检验一个记者采写能力高低的重要标准。在实际采访工作中,我们既要善于发现新闻线索,更要学会判断新闻线索的价值,不被表象遮望眼,做到守"土"有责、守"土"负责、守"土"尽责。那么,如何判断新闻的价值?则需从真实性、时效性、重要性、接近性、趣味性、导向性等角度考虑[①],这其实也是对新闻要素是否齐全的一个判断。

新闻是对新近发生事实的报道,排在第一位的永远是真实性,这是新闻的生命。时效性指的是新闻发生与传播的时差越小,新闻价值越大,反之,新闻价值越小。当前,全程媒体对传统主流媒体的新闻生产和传播提出新的要求,必须及时、迅速地捕捉最新的信息,满足大众的知情权。

不言而喻,重要性和接近性就是对群众关心的重要事物,如涉及国计民生、党和政府的战略决策、方针政策以及群众切身利益的事情,需要在第一时间让群众获悉。

---

① 喻松:《处处留心皆"线索"——浅析党报新闻线索的价值判断与获取途径》,《新闻世界》2019年第5期。

趣味性指的是受众对新闻感兴趣的程度。这些线索的发现和获得,需要记者有独特的眼光和思维,其报道的新闻要让大部分人觉得有意思、有吸引力,而不是刻意迎合部分读者的兴趣。

导向性指的是坚持正确舆论导向,这是宣传舆论工作的核心和灵魂。习近平总书记在党的新闻舆论工作座谈会上指出,"新闻舆论工作各个方面、各个环节都要坚持正确舆论导向"。如果新闻线索涉及国家机密等不适宜报道的内容,记者要牢记"团结稳定鼓劲、正面宣传为主"的基本方针,始终坚持正确舆论导向。

于双利则从更为宏观的角度进行了论述。他认为,新闻线索选择的价值标准主要包括[①]:首先要坚持政治标准。一篇稿件,无论是什么体裁,哪怕是区区几百字,如果失去政治标准就会给党和国家酿成大祸,就会在国际上造成无法挽回的影响。可以说,记者手中的笔连着党和国家的命运。在新闻选择的实践中,坚持政治标准要放在首位。

其次,线索的新闻价值标准不是抽象的概念,而是有具体的内涵。它要有重要性与影响度、显著性与知名度、接近性与受益性、趣味性与新鲜性。从线索中发现有价值的新闻线索,努力寻找代表时代主流的事物,反映社会进步和百姓的呼声与需求,这是实现价值标准的重要前提。

此外,还应体现一定的宣传价值。一方面,宣传价值要体现出正确性。正确性要体现出导向正确。导向正确是党和人民之福。另一方面,宣传价值要体现权威性。道理出自权威之口,权威性体现宣传价值的可靠性。

其实,判断新闻线索是否具有价值,就是判断这个线索是否可以挖掘到公众感兴趣的事实。除了以上几点外,还应该包括新闻的新鲜性和冲突性,还要考虑收视率(卖点)分析、市场回报等。

三、对初步入选的新闻线索进行可行性判断

在对新闻线索的筛选中,还有一条重要标准——是否具备可操作性,也就是可行性。真实是新闻的生命,从采访的角度来说,记者是否能够找到了解新闻事件真相的途径,决定着这条新闻线索是否具备操作性。相对其他类报道

---

① 于双利:《新闻线索:判断、价值、标准》,《新闻知识》2004年第7期。

而言,记者进行深度报道更强调展示新闻事件的细节过程,揭示其深刻含义,挖掘其内在联系。因此,采访前必须能够预期获得事件各环节的真实可靠的证据,如果难以获得证据,难以最大限度地接近事件当事各方,就只能放弃。因此,在获取新闻线索之后,就要对其进行可行性判断,同时也要对新闻线索进行包括成本、采制周期、采访难度、政策法规等的判断,这样才能保证后期工作的顺利进行。

新闻线索往往只是冰山的一角,而真正的新闻事实是隐藏在海面下的冰山主体。比如《焦点访谈》的报道《追踪矿难瞒报真相》最初头绪全无,最后却挖出当地政府瞒报真相。而有的采访线索犹如一块浮冰,毫无新闻价值可言。这就需要记者在具体的调查与采访中做出判断,否则可能造成假新闻,比如北京电视台的"纸馅包子"事件。假新闻《纸做的包子》的编导管某在栏目组选题会上提出,曾接到过群众电话反映"包子掺有碎纸"的问题。这条线索引起了栏目制片人的兴趣,于是确定为专题选题。管某在北京四环路一带调查,却始终没有发现"纸馅包子"的现象。但栏目主编以时限为由,催促其抓紧拍摄专题节目,管某压力很大,于是丢掉了"真实是新闻的生命"这条铁律,制造了这条假新闻。[①] 此外,还有鲍某某案件媒体对于新闻线索真实性的核实不认真,对一方倾斜,导致社会舆论偏向一方,以致媒体的可信度下降等。因此,对于新闻线索的评估与利用需谨慎,对于碎片式且来源模糊的新闻线索,记者更应加强对事件的梳理,多方采访追问细节,寻找核心当事人寻问事件经过,并向权威的第三方进行核实等。唯有这样,才能挖掘更具价值的新闻。

由于新闻线索有真有假,即使为真,质量也有高有低,要素不齐全。尤其是在人人都有"麦克风"的时代,有时有图不一定有真相,即使是有视频都不一定有真相,只凭一面之词仓促得出的结论往往是片面或者错误的。因此,在获取新闻的线索之后,要对其进行认真核实、价值判断以及可行性判断,能顺藤摸瓜,由表及里,从而挖掘有价值的新闻。

---

① 曾祥敏:《电视采访》,中国传媒大学出版社 2018 年版,第 38 页。

第四节　广播电视记者采访工作中的选题原则

在进行新闻选题时,必须掌握广播电视新闻的选题原则,包括新闻价值、栏目定位、节目采制成本、新闻政策法规和宣传价值等。除此之外,还需要了解记者采访的基本要求,包括坚持新闻真实性、时效性和记者职业道德等。

一、选题原则

所谓选题,是指采访报道的对象、材料和内容的选择、判断与确定。选题是实施采访报道的基础和先决条件,也是整个采访报道的关键环节,没有选题就没有采访报道,没有好的选题,也就不可能有好的采访报道。选题必须遵循某些基本原则,广播电视记者策划选题时还必须从自身媒介特点出发,合理策划选题,制定采访报道计划。

(一)选题必须符合新闻价值

新闻价值是判断选题是否可行的重要依据和标准,也是在新闻报道竞争中胜出的重要保证。新闻价值是为了解决究竟选择什么事实才会引起公众兴趣这个难题,新闻价值就是事实本身包含的引起社会各种人共同兴趣的素质(要素)。

1. 广播电视新闻选题中的新闻价值

在传统的新闻选题中,主要的新闻价值要素包括重要性、显著性、时效性、趣味性、接近性等,广播电视新闻选题也必须符合新闻价值。当然,其中的各部分权重也有所变动。

(1)重要性:对国计民生的影响越大,就越重要,新闻价值也越大。在广播电视的新闻选题中,尤其是像《新闻联播》等主流媒体的选题,特别要偏重重要性这一要素,因为往往它们也是具有权威性的。

(2)显著性:新闻报道对象(包括人物、团体、地点等)的知名度越高,新闻价值越大。人们往往会对一些名人名事产生浓厚的兴趣。

（3）时效性：报道及时，内容新鲜。这一点在当下显得尤为重要。在之前的纸媒时代，时效性是很难追求的，但是进入数字时代，视听机能被唤醒，广播电视也会采用网络直播的方式随时随地进行现场播报，时效性也就成了媒体追求的常态。

（4）趣味性：具有趣味性的事实，往往有新闻价值。一些奇闻异事往往会成为人们茶余饭后的谈资，在当今媒介多样化的时期，广播电视的新闻事件呈现也可往趣味性方向靠拢。

（5）接近性：包括地理上的接近，利害上的接近，思想上的接近，感情上的接近。凡是具有接近性的事实，受众越关心，新闻价值就越大。往往发生在我们身边的事才是老百姓最关心的事。因此，许多地方台的民生新闻也颇受观众的喜爱，且此类节目的观众黏性常常也比较高。

2. 受众心理与用户思维

（1）研究新闻价值必须研究受众心理。新闻受众心理主要指报刊读者、广播听众、电视观众在接收新闻信息时所产生的心理活动，这些活动涉及受众的认知、情感、生理、态度、行为等多种心理因素，它实际上是人脑在接受媒介信息之后，对信息进行加工和处理的一个内部过程。这个过程不能被直接观察，也比较难以描述，其内部的运行机制目前也未完全弄清楚，这个领域被人们称作"黑匣子"。

媒介与受众之间的供需关系从某种程度上来看，实际上是一种心理竞争关系。为了最大程度地满足受众需求（受众媒介期待），新闻媒介往往将新闻报道的内容和形式推向极限位置。

（2）融媒体时代的广播电视需要用户思维。在媒介融合的大背景之下，多种多样的融合形式层出不穷，但优质内容依旧是不变的真理。广播电视媒体在互联网的冲击下想要追求更多的关注度，就势必革新思维理念。在面对传播的对象由之前单向的"受众"转向"用户"时，广播电视需要研究他们的思考方式，生产契合当下用户的优质内容。

用户思维要求广播电视媒体认识用户、理解用户、找准用户的需求、契合用户的习惯，始终站在用户的角度来生产新闻。建立用户为中心的理念，促使广播电视机制体制的变革，推动广播电视节目的产品化转变。学习互联网的生产机制，用垂直化的精准定位策略将节目推送给不同的用户群。运用"不同用户群+优质内容"的思维模式打造广播电视节目。

国内首档融媒体新闻评论节目《中国舆论场》(China's Public Opinion Field)于2016年3月20日亮相中央电视台中文国际频道(CCTV-4)。节目定档于CCTV-4每周日晚间黄金时段19:30—20:30面向全球直播。作为中央电视台推出的首个融媒体节目，《中国舆论场》通过大数据分析全媒体平台的舆论热点，并通过融媒体模式带动全民参与话题讨论。[①]

《中国舆论场》借助大数据分析技术与央视网联合推出了"中国舆论场指数"，实时关注全网新闻的热点舆情，盘点每日每周舆情最热TOP10，让大家能及时了解舆论热议的焦点。节目关注当下最新事件、最热话题，力图全景呈现舆论场的观点碰撞，解读事件背后的深层原因。针对"中国舆论场指数"榜单上的话题，节目每期邀请相关专家作为嘉宾现场进行专业分析、理性解读。嘉宾包括资深媒体人、时事评论员、网络舆论意见领袖等。同时，节目还就不同话题，对政府部门管理者、相关领域专家等进行采访，及时对事件疑点、难点、争议点进行解答和回应。《中国舆论场》力图提供一个客观、权威、可信的舆情平台，倡导有效沟通，传递真实声音，反映社情民意。

《中国舆论场》节目还运用新媒体技术，将电视、互联网、移动新媒体深度融合，采用用户思维，创造性地引入"在线观众席"，全球网友都可以通过手机进行实时抢票，成为当期节目现场参与者，直接分享观点，向嘉宾提问，全程互动。同时，大屏小屏联动呈现。融媒体的即时传播与互动方式，不但大大增强了节目的趣味性和新鲜感，也让一向严肃刻板的新闻评论类节目将用户与优质内容相结合，让"我们"参与进来了解社会时政，发挥个人作用。

（二）选题必须符合栏目定位

1. 明确报道主题，选择合适角度

新闻学中的主题是通过报道对象、报道范围、主要事实等内容表达的某种思想、主张。在广播电视的选题上，对于电视专题、连续系列的报道等来说，都是需要明确主题的，只有明确了主题才能选择符合栏目的报道角度。

[①] 《沟通社情民意，传递中国声音：〈中国舆论场〉重磅亮相》（2016年3月15日），央视网，http://news.cctv.com/2016/03/15/ARTIV2sDDyWQjc97l5InnK3P160315.shtml，最后浏览日期：2021年12月29日。

中央广播电视总台新闻访谈节目《生死雷场,青春英雄》[①]讲述了排雷英雄杜富国的故事,节目以记者邀请排雷英雄杜富国一起主持的形式,讲述他和战友的排雷故事,通过互动问答的形式来讲述排雷的艰难过程,同期声与画面相互穿插,回忆了杜富国的战场形象和生活治疗场景,体现了"排雷英雄与生活强者"的主题。

同时,节目访谈采取了"人情化"的采访方式,并没有让杜富国本人来讲述排雷过程及受伤场景,而是通过事发时现场的真实音响来呈现。这样的设计,既避免了对杜富国心理、情感造成二次伤害,又体现了创作者对英雄的致敬和关爱。此外,记者采取实地调查,前往老山麻栗坡,也就是杜富国当时受伤的雷场,采录下了村民正在种庄稼、期盼丰收的场景。在访谈现场,杜富国也触景生情颇为感动,这样的访谈形式在体现"排雷英雄"主题的同时又不乏人情味。同时,节目以现场访谈为主干,穿插了多个杜富国康复治疗的场景,动静结合增添了丰富生动的生活气息。节目用杜富国正在奔跑的场景音响收尾,干净利落、意味深长,表达了对英雄的祝福以及对未来美好的憧憬。

节目记者通过访谈的形式,敏锐捕捉生活中的感人画面和主人公的情感表达,以"节目套节目"的方式来明确报道主题,并且选择了细腻的微观角度来挖掘英雄人物的心理,由此来引起观众情感上的共鸣。记者现场敏感性强,节奏把控有度,在采访时还涉及杜富国康复心理等话题。当杜富国与母亲发生突发状况时,记者敏锐地把握话题切入时机,让访谈因这一意外状况而更真实感人。以广播的形式来进行报道,通过声音的展现来表达主题,再一次明确了节目的报道角度。

2. 明晰节目形式,制作节目内容

电视节目的样式在一定程度上规定了报道方式,采取什么样的形式对于报道的呈现的完整性至关重要。电视报道要考虑报道形式,而采访的具体方式也就需要慎重选择。

电视系列报道《"十八洞村"扶贫故事》讲述了地处湖南省湘西土家族苗族自治州花垣县的十八洞村精准扶贫奔小康的历程。十八洞村之前因为地理位

[①] 《生死雷场 青春英雄》(2020年10月14日),中国记协网,http://www.zgjx.cn/2020-10/14/c_139436538.htm,最后浏览日期:2021年12月29日。

置偏远,村寨落后封闭,村里年人均纯收入仅有 1 600 多元。2013 年,习近平总书记来到这个苗族村寨,首次提出了"精准扶贫"的重要思想。这之后,当地派驻工作队驻村蹲点,积极探索可复制、可推广的精准扶贫新模式。该报道紧密围绕"精准扶贫"的主题,分别推出了《找准"病根儿"扶贫先扶"精气神"》《选准产业　脱贫按下快进键》《栽下梧桐树　引得"凤凰"来》《扶贫经验可复制　活学活用奔小康》《苗寨相亲　携手脱贫见曙光》五期系列报道,进而将"只要实事求是,看准贫困的原因;只要因地制宜,找准脱贫的路子,扶到根子上、扶到点子上,就一定能实现脱贫"的"精准扶贫"内涵阐述得生动形象。系列报道可以从不同的角度解读事件,以这种镜头语言的表现方式来呈现日益变化的落后山村,可以让观众清楚地认知现在扶贫政策的落实和人民生活的日益改善。

现场直播是最能体现广播电视传播特性的报道形态之一,因为"同时""在场"的体验感加强了观众的现场感。中央国际电视台(CGTN)非洲频道 2020 年联合央视频,从 8 月 17 日起至 9 月 15 日北京时间每天 12:30—16:30 连续推出 30 多场《2020 非洲野生动物大迁徙》网络直播,为用户呈现这一年一度的自然界盛况。这些年,为了给海内外的观众呈现不一样的钱塘江大潮,中央广播电视总台在直播上做了很多方面的创新,使观众从多方位的观潮角度,体验潮海精神。值得注意的是,2021 年中国之声首次参与直播,在农历八月十五(中秋节,9 月 21 日)22:00— 00:30 这个时间段,进行不间断听潮直播。新兴的线上直播实现了与观众互动的实时性与互动性,将动态发生的事态全程呈现在观众的眼前,让观众得以身临其境感受大自然的风姿。总之,不论是"扶贫故事"系列报道,还是万人线上观潮,都需要根据内容来选择相应的报道呈现形式。

3. 尊重新闻规律,形成自身风格

尊重新闻规律意味着要以事实为依据,要符合新闻的客观性和真实性,防范策划新闻和新闻假事件的出现。媒介融合潮流促使多方电视台投入改革的浪潮,在此背景下,广播电视媒体更要坚守住底线,认清楚自身的定位,在节目的制作过程中形成自己的风格。

中央广播电视台总台中国之声打造的《新闻晚高峰》,是重点新闻栏目之一。栏目自播出以来,发挥喉舌作用,密切关注社会热点,贯彻"以人民为中心"的原则,贴近百姓生活。此外,该栏目还具备国际视野,报道国内外重大突发事件,表明中国立场,表达中国声音。在之后的媒体变革中,该栏目又顺应时代积极创新报道形式,2019年10月采用"台网同步"的方式播报,拓宽了播出渠道,提高了节目的报道水准。该栏目当年的市场占有率和收听率稳居前列,依然受到广大观众的喜爱。

记者作为传媒人格化的代表,在提问的选择角度上就不能态度冷硬,而是要投入自己的情感体验,从被采访对象的角度设置问题。有人情味的问题更便于记者走进采访对象的内心,并且可以展现采访者鲜明的个性;犀利独特的采访可以瞬间呈现问题的本质特点,并且使采访者快速打开采访对象的内心,这既需要记者体现新闻的严肃专业性又不能过于呆板。王志作为中央电视台《面对面》栏目的制片人,参与栏目的筹划制作。一对一的人物对谈,将王志的个人风格发挥得淋漓尽致,无论对面坐的是什么样的人物,他都能以平等的姿态质疑,从不同侧面进行发问,而这树立了他独特的通俗化、个性化、质疑化的主持风格。在他作为《新闻调查》《面对面》主持人期间,艾滋病问题、贪腐问题、污染问题等话题引发社会强烈关注,王志不仅对此做出全面、深刻的报道,而且给被采访嘉宾留下充足的表达空间,并能抓住被采访嘉宾没有深入、遗漏或者不清晰的内容,他为中国电视节目主持艺术提供了"质疑式提问"的主持方式。

白岩松的语言风格平易近人、严肃厚重。在大多数主持经历中,他能够将富有生活化的用语和幽默句子自然、真切地运用到主持和采访中。不论是社会生活还是时政新闻,受众总能感受到他言语中和思考中的幽默特质。例如,在《新闻1+1》节目《外卖小哥拼命,谁"饿"了谁,谁"美"了谁》一期中,白岩松能够果断地跳出《你愿意多等外卖5—10分钟吗?》这一调查报告所故意设置的仅仅聚焦于外卖小哥和消费者之间冲突的主体框架,直截了当地点明问题冲突的关键——应当让资本、算法科技和监督力量为冲突矛盾负责,而不是让消费者和劳动者承担他们本不应该承担的额外成本。这种风格如利刃出鞘,往往发生在新闻场面陷入僵局时,或者既得利益者设置了看似合理却逃避了本质问题的冲突上。[1]

---

[1] 黄羽佳:《论严肃类新闻主持人风格走向——以央视知名主持人白岩松等为例》,《新纪实》2021年第4期。

由此可见，不管媒体市场如何变革发展，只要媒体尊重新闻规律，形成符合自身的风格定位，坚定客观、事实的态度和立场，仍然能够做出优质的内容，吸引广大的受众。在新媒体飞速发展的新时代环境下，新闻的传播方式发生了极大的改变，这对电视台的采访人员提出了更高的要求。新闻采集难度加大、专业技能要求提高、多样化的传播方式等等，都对采访人员提出了巨大挑战。电视新闻工作者应该直面挑战，推进采访工作的创新。

（三）选题必须考虑采制成本

新闻采制成本是指记者采制新闻素材到播出完成前所产生的费用。在准备选题的时候，必须考虑拍摄资金、人力、物力等一系列成本问题。在电视新闻的采制过程中，往往形成了以下两种模式。

1. 电视新闻采制栏目化

电视新闻采制栏目化的模式在我国比较普遍。例如，江苏电视台主要的运作模式为电视新闻采制栏目化，其模式为设置全台的新闻中心，这一新闻中心只负责卫视频道的新闻节目，不参与其他。此外，每一频道的新闻栏目之间都是独立运作的。这样的好处就是可以形成自身的风格，工作灵活机动，易操作。但是，因为各自独立，所以有时会造成社会新闻报道范围不够全面、资源难以共享、不能有效及时沟通等问题。

2. 电视新闻采制中心制

电视新闻采制中心制是由一个中心对资源、人员进行调配，该中心将新闻资源统一收集再分发给其他栏目。这种模式可以更加全面地调动资源，传播面广，大大降低了采制成本，提高了制作效率。但是，也难以形成自身的特点，缺乏独特性。

通过对电视新闻采制模式的简单了解，我们可以深入探究采制成本的问题。一个新闻选题关系到电视栏目的具体采制流程，涉及记者、编辑、制片人、频道总监等多个工作环节，每一个环节都会为此付出相应的劳动力。因此，在新闻选题时考虑采制成本问题是必要的。

在具体实施过程中，要明确某一电视台的新闻采制模式以及它的运作机制。只有确定了已有的大环境才能有效调整策略，便于我们结合具体的情况灵活机动地展开采访与制作。

（四）选题还需考虑宣传价值

宣传就是运用各种符号传播一定的观点，影响和引导人们的态度，控制人们行为的社会传播活动。宣传行为的重心不是接受者，而是传播者，其归宿是传者扬其理。宣传可以分为商业宣传和政治宣传。①

决定宣传效益的因素有宣传者、宣传对象、宣传内容、宣传时机、宣传场合、宣传动机、宣传方法。

宣传价值就是事实本身所包含的，有利于传播者、能够证明或说明传播者主张的素质。一般宣传价值的素质包括5个方面。②

第一，针对性。针对社会上的各种猜测、怀疑、歪曲、流言，选择事实来进行恰当的宣传。

第二，普遍性。事实中所包含的思想观点，对广大受众具有普遍的教育意义、指导作用，可以引起人们的关注和思考。

第三，典型性。事实不但要和作者想说的思想观点相一致，而且能够有力地说明观点，选用的事实能让人们信服。

第四，时宜性。有些新闻要选择适当的时机来发表，才能够收到更大的宣传效果，避免引起不必要的思想混乱。

第五，一致性。与新闻媒介所持政治主张、价值标准的一致，在报道新闻时始终坚持在政策标准上的一致，发挥核心价值观的引导作用。对于我们国家的媒体来说，就要以党的理论方针政策，以国家的法令和社会主义的价值观作为选择新闻的标准。

新闻和宣传都是一种传播行为，可以相互渗透，且有交叉之处。宣传有很多形式，通过传播新闻达到宣传的目的是其中一种，即使是最客观的新闻报道，也可以夹杂宣传的成分。新闻报道活动有一种潜在的宣传动机，经过加工后的新闻，背后总是有一种观点或意见对受众施加影响。③

新闻政策是政治纲领对新闻领域的具体指导，具有一定的强制力，对于广播电视的新闻选题来说，服从新闻政策是必须的。此外，宣传纪律是我国政党对新闻机关的新闻宣传活动规定的组织纪律。两者都体现了政治指导新闻的

---

① 李良荣：《新闻学概论》，复旦大学出版社2018年版，第50页。
② 陈力丹：《新闻理论十讲》，复旦大学出版社2008年版，第288—290页。
③ 熊高：《新闻采访》，中国传媒大学出版社2006年版，第16页。

原则,都是从事新闻工作必须遵守的行为和准则。

在广播电视的选题中,也需要贯彻执行宣传纪律的相关要求。在具体的节目策划中,不可避免地会体现相关的宣传价值,这对于契合国家的政策实施及引导百姓的价值认识具有重要的意义。

二、广播电视记者采访的基本要求

记者是新闻的传声筒,在进行新闻报道过程中担当着重要的角色,尤其在新闻采集时的作用是至关重要的。因此,记者在采访过程中就被赋予更多的使命。坚持新闻真实性是永恒不变的真理,记者还要坚守正义和良知,坚持自身的职业道德规范,在严守时效性的同时坚持用事实说话,并且在不同的采访过程中善于运用各种手段和采访方式。

(一)坚持新闻真实性

新闻传播的真实性指新闻报道与所反映客观现实的相符程度。坚持新闻真实性要求每个单篇的新闻报道完全符合新闻事实,每个新闻机构在一定时期内通过连续不断的新闻报道向人们呈现一幅现实社会真实的图画,全面准确地反映客观实际。[1]

新闻失实分为故意失实和无意失实两大类。故意失实主要是因为受各种利益驱动,主观故意造成,而无意失实的原因主要表现在以下几点:采访不细致,道听途说;过于单纯,偏听偏信;知识积累和储备不足,造成报道失误;因为刻意追求文字生动,追求轰动效果而去放纵渲染和想象。

真实性是新闻的生命。在我国,坚持真实才有助于党和人民正确认识客观世界,更好地改造客观世界。新闻的真实性,直接关系我国的政治、经济、军事、文化和人们的思想及日常生活。近年来,互联网的发展对社会进行了全维度的重构,新闻业态的巨大变革也给新闻记者提出了全新的要求。

我国的新闻体制要求记者有良好的认知素养和新闻理论素养。新技术、新媒体的发展,要求记者有全媒体意识和创新意识,树立用户为核心的理念,做好新时代的把关人。

---

[1] 李良荣:《新闻学概论》,复旦大学出版社2018年版,第273页。

（二）坚守正义和良知

记者是社会的良知，是社会正义的守护神。在新闻工作中要坚守职业道德和马克思主义新闻观，贯彻新闻的指导性、坚持党性原则，努力提高自己的专业性，谨防媒介审判、媒介寻租等违背职业道德和良知的情况出现。

新闻职业道德就是新闻传播业的行业道德，是新闻从业人员遵循的一般社会公德和本行业的行业标准，对其职业行为展开的自我约束和自我控制，也称为"新闻伦理和新闻道德"。新闻职业道德在新闻工作者长期的职业实践中形成，一般以记者守则、新闻道德规范等形式规定新闻从业人员品德、思想作风等。[①]

1. 新闻道德失范

媒介权力寻租是指新闻媒介工作者利用自身的操控新闻报道权为砝码，来谋求自身或团体利益的一种行为。

资本的媒介寻租是资本利用自身的经济优势贿赂媒介，使媒介按照资本的意愿来报道有利于自己的事。

新闻寻租主要表现为有偿新闻、有偿不闻和新闻敲诈三种。有偿新闻主要表现在新闻与广告的界限、新闻介入商业策划活动、商业贿赂新闻并收购新闻传播权。有偿不闻是指记者接受他人财物，把公众应该知道的新闻隐藏起来，不报道不曝光，从而导致新闻掮客的出现。新闻敲诈是指新闻单位工作者利用职务之便做出不利于对方的报道，以敲诈、勒索对方获取利益的行为。

2. 记者行为准则

第一，尊重真理和事实是记者的首要原则，在任何情况下都要保持事实为先。第二，记者要维护自己新闻自由的权利及公正评论批评的权利，在面对社会热点事件时敢于发声。第三，只用公平的方式获得新闻材料，不可假公济私、滥用职权。第四，对秘密获得的新闻来源，应保守职业秘密，遵守职业道德伦理。第五，不得删除重要新闻、不假造资料，坚持新闻真实性与客观性。第六，任何已经发表的信息，如有严重错误，应尽自己最大努力更正。第七，不得抄袭、剽窃，要自觉遵守维护知识产权等合法权益。

---

① 李良荣：《新闻学概论》，复旦大学出版 2018 年版，第 357—358 页。

（三）严守时效性

记者采访和写作的时效性是至关重要的，采访的突出特点就是讲究时间效率，要求记者在有效的时间内挖掘时新、真实、有价值的内容和信息，要求记者有高度的新闻敏感，尤其是在一些动态性、突发性新闻的播报上，对时效性的要求更加明显。

在武汉暴发新冠肺炎疫情期间，各家媒体都纷纷前往一线报道、展开现场直播，对于展现疫情全貌、帮助电视前的观众了解最新动态发挥了积极作用。2020年1月23日凌晨，武汉发布紧急通告"10点起，暂时关闭离汉通道、停运公共交通"。湖北之声于当天上午9点45分，果断启动全天候应急直播《我们在一起》。首场75分钟直播，全程见证这一重大历史事件。十多路记者前往火车站、机场、地铁、公交、商超、社区等地，实时记录了10多个典型场景的真实状况：火车站慢慢关上的站门、机场循环播放的广播提示，地铁站缓缓落下的卷闸门和最后一趟驶过的列车，商超里有些慌乱的市民和耐心告诉大家物资充足不用抢购的店员……就是那一刻真实的武汉，壮士断腕的背后是众志成城、团结一心的英雄气概！应急实战展现了媒体综合实力。这场应急直播是一场突如其来的战斗，湖北之声打得精彩漂亮。来不及准备文稿和流程，十多路记者却各就其位，编辑导播火速就位，10分钟内做好直播版头和片花，主持人拿起几张资料就进了直播间，在没有直播文稿的情况下，从容应对、忙而不乱……充分展现了团队的默契、过硬的业务能力和临危不乱的心理素质。增信心、稳民心，抢先发声，引导舆论，危急关头彰显党媒责任与担当。在当时严峻复杂的形势下，在群众存在焦虑、恐惧心理的情况下，这场直播积极引导舆论，为抗击新冠肺炎疫情凝聚人心、增强信心营造了良好的舆论氛围，充分发挥了主流媒体强信心、暖人心、聚民心的作用。

这场直播是唯一一档实时直播记录武汉"战'疫'"这一历史时刻全过程的新闻作品，九头鸟FM、长江云、蜻蜓FM等十多个平台同步直播，互动平台几乎被网友留言挤爆，不少网友表示，听了直播后，自己从"恐慌"慢慢恢复平静了，更多人留言"愿意和武汉战斗在一起！"该作品在战"疫"期间得到了多家业内单位和媒体的高度评价，充分彰显了主流媒体在应急报道中的责任和担当。①

当然，在严守时效性的同时，也要防止为了"抢新闻"而引发的不实报道、谣言，避免假新闻的出现。

（四）坚持用事实说话

坚持用事实说话是新闻报道亘古不变的真理。记者可以通过亲临现场、查阅资料、通过他人讲述的方式来了解事实。在进行采访和报道时，将事实呈现在观众面前是记者的职责。

在新冠肺炎疫情刚开始的时候，被称为"中国财经记者第一人"的财新传媒创始人胡舒立带领团队针对《武汉养老院多例疑似新冠感染》的报道展开进攻，并且第一时间发出独家深度报道，后期又对武汉疫情展开全景式报道，在疫情保卫战中坚守了事实真相。

《焦点访谈》是中央电视台第一套综合频道于1994年4月1日推出的深度新闻报道栏目。该栏目通过调查、追踪和隐性采访报道揭露社会生活多个方面的违法犯罪行为，实现电视新闻节目舆论监督功能。该栏目选择"政府重视、群众关心、普遍存在"的问题，坚持"用事实说话"的方针，解决了大量社会进步与发展过程中存在的问题。

2021年4月26日的一期节目《编故事　假戏真骗》讲述了网络传播虚假视频的案件，记者采取实地调查的方式来获取一手资料。2020年6月底，在网络上一段视频突然火了起来，视频显示，贵州省威宁县一个名叫坚强村的小山村传出了奇怪的叫声，有人甚至说这是龙的叫声。一时间，视频火爆刷屏，威宁县这个小山村也成了网红村，不仅是十里八乡的村民，就连云南省、四川省也有人赶过来，甚至有人宣称，真在现场听到了龙叫。

随着视频扩散，各种说法也多了起来，有人还联想到了地震、滑坡等自然灾害，恐慌情绪开始出现。为了调查清楚事实真相，威宁县组织专家赴现场实地查勘。经过调查，坚强村附近并未发现明显地质活动发生，无明显地震、泥石流等前兆，专家基本认定，在坚强村附近聚集的人员所听到的奇怪声音，实

---

① 《我们在一起——直击武汉紧急关闭离汉通道》（2021年10月25日），中国记协网，http://www.zgjx.cn/2021-10/25/c_1310259806.htm，最后浏览日期：2021年12月29日。

际上是由当地一种鸟类发出的。那这最开始的所谓龙叫的视频又是怎么出来的呢？威宁县公安机关立案侦查后发现，视频是造假而成，视频里所谓龙的叫声，实际上是来自 2018 年 7 月网络上一则动物园内老虎嘶吼的原声视频。威宁县网友刘某江、虎某江、陈某丹、张某等人为博取关注，将不同场景的视频、音频嫁接，再加上后期音效处理，上传到网络，4 人因造谣受到公安机关行政拘留及训诫等处罚。为了吸引眼球制作假视频，结果却造成了社会恐慌，造假的手段并不高明，但危害可不小。①

新闻媒体是服从于公共利益的，必须要报道事实，服从事实这一最高权威，记者作为新闻工作的从业者也要肩负起这一责任，坚持用事实说话，揭露社会真相，维护媒体公信力。随着新技术的出现，不光是假新闻这种文字造假现象频发，一些想获取暴利的不法人员更是借助视频造假的方式来混淆视听，这就更加要求记者核查消息来源，报道事实真相。

（五）善于运用各种采访手段和采访方式

电视采访具有自己的显著特点和优势，如丰富的表现符号和表现手段等，必须加以充分发挥和运用。

电视采访的方式和方法也是多样化的，如隐性采访、体验式（卷入式）采访、电话采访以及互联网采访等，要善于根据不同的情况确定合理的采访方式。在采访手段的运用上，可以运用多样化的技术手段来实现，如电话采访、话筒采访、录音采访、航空采访、演播室采访等。

2019 年 5 月 1 日至 5 日中午 12:00 ，CCTV-4《中国新闻》五一系列报道——《主播体验新岗位》的主播们融入劳动，参与体验反映我们身边的新变化，致敬最美的奋斗者。② 诸位央视主播有的体验快递小哥的一天，有的体验采茶炒茶师，有的体验 AI 虚拟主播、马术训练员、插花师等岗位，主播们通过全景式的体验采访了解了在不同岗位上的劳动者的光荣与责任。

体验式采访是指记者全身心投入报道现场，进行现场观察，并与采访对象

---

① 《编故事 假戏真骗》（2021 年 4 月 26 日），央视网，https://tv.cctv.com/2021/04/26/VIDEJyOLGqk0oyRtu9ry5WWR210426.shtml?spm=C45404.PhRThW8bw020.EToagw7mjlwm.275，最后浏览日期：2021 年 12 月 29 日。

② 《主播变身快递小哥，是一种什么体验？》（2019 年 5 月 2 日），百度百家号，https://baijiahao.baidu.com/s?id=1632380420158869255&wfr=spider&for=pc，最后浏览日期：2021 年 12 月 29 日。

一起生活,一起工作,体验现场的气氛,获取切身的感受。体验式采访是记者深入基层、深入生活、深入群众,培养社会活动能力,改进采访作风的有效方法。体验式采访因其特有的优势被更多地应用于新闻采访活动中,或与其他采访方式结合应用,效果绝佳。记者通过体验式采访采写的新闻作品深受广大人民群众的好评。体验式采访能提升记者"四力",落实"走转改"要求,在全国新闻战线大型主题采访活动中发挥着不可替代的作用。在融媒体环境下,体验式采访也有了新形式的创新和表达。①

在采访过程中,记者也要注意说话的方式,要有耐心、敏锐的观察能力以及随机应变的控场能力,对于不同的采访对象、不同的报道场景要采取适合它们的手段和方式。

思考题

1. 获取新闻线索的渠道有哪些?请举例说明。
2. 什么是新闻敏感?新闻敏感有何作用?
3. 如何培养新闻敏感?
4. 如何对新闻线索进行核实?如果线索是匿名提供的该怎么办?
5. 新闻线索的价值判断体现在哪些方面?
6. 怎么判断新闻线索是否具有可行性?

---

① 刘朝霞、崔磊磊:《体验式采访的现实意义与创新之路》,《中国报业》2020年第4期。

第四章 广播电视采访的方式和方法

电视采访是求知、探索的过程。更重要的是,电视采访是一门探究人的艺术,是对人的心理、人性本质、人性弱点、人性优点的揣摩、印证与对质。电视采访发挥了电视媒介的技术特性,并且在追寻事件真相、探究心理的过程中,有其自身的技巧和采访特点。因此,电视采访作为新闻采访的一种形式,是电视记者综合运用电视技术手段,为新闻报道而进行的素材采集活动。简言之,电视采访就是通过电视手段进行采访,电视采访不仅有自己的规律、特点和作用,也有自己的方法。

第一节 采访的方式和方法的分类

采访的方式和方法是指记者为完成采集新闻任务所采取的具体手段以及表现出来的具体形式。在采访过程中,一系列行为方式的顺序排列、过渡、组合能否达到协调统一,依赖记者所掌握的技能的熟练程度。

采访的方式和方法多种多样,分类情况也比较繁杂。蓝鸿文在《新闻采访学》中,将采访分为直面采访、视觉采访、书面采访、体验采访、电话采访以及互联网采访。[①] 每一种采访方式有各自的特点和功能,它们之间并不是独立存在的,而是相辅相成、相互补充的关系。刘海贵则从形式上和性质上对采访进行分类,认为形式上主要包括个别访问、开座谈会、现场观察、参加会议、蹲点、查阅资料、改写、问卷、电话采访和网络采访十类,性质上主要包括常驻采访、突

---

① 蓝鸿文:《新闻采访学》(第三版),中国人民大学出版社2011年版,第147页。

击采访、交叉采访、巡回采访、隐性采访和异地采访六类。① 王一岚从采访渠道将采访分为面对面采访、视频采访、电话采访、电子邮件采访以及短信采访和微信采访。② 每种采访形式都有自身的优劣之分，在实地采访时应根据具体的新闻事件选择合适的采访方式。

可以看出，学界对于采访方式和方法的分类虽然有所不同，但其分类的依据主要包括：采访者与被采访者的接触方式、采访者与被采访者的组织方式、采访者的行为方式以及采访者所使用的工具特点。本章主要介绍提问采访、现场采访、电话采访、隐性采访和体验采访。

一、提问采访

这是一种面对面的采访方式，主要通过提问来实施和完成，特别适用于访谈节目、谈话节目以及其他演播室节目。提问采访也是最常用到的一种采访方式，无论是提问的方式方法抑或提问的语气，都对采访的结果有着重要的影响。正如《光明日报》记者樊云芳曾说过："当我提着文件夹，敲开一扇门，见到了自己的采访对象，并与他（她）一起坐下来交谈时，我明白，我应该是这场即将开始的谈话不露痕迹的'导演'。这决不是指要让对方说迎合自己心意的话，而是指：我应该设法使对方乐于开口，并且使谈话始终围绕着自己想要了解的主题。"③

提问需根据具体的情况采用不同的方式，有时提问方式的不同，得出的信息往往是大相径庭的。从提问的范围来看，主要有开放式提问与闭合式提问。④ 开放式提问，就是问题提得比较概括、抽象，范围限制得不是很严格，给对方以充分的自由发挥的余地。这种提问方式问起来容易，记者可以对所有的采访对象提这种问题。例如，"请问你对某事有什么感想？""请问你是如何看待某事/某人的？"等等。这种舒缓的谈话节奏，有利于营造愉快的采访氛围。在遇到谈话紧张时，也可以用来调节气氛，但它很难将问题进行深入挖掘。闭合式提问，就是问题提得比较具体，范围限制得很严格，给对方自由发

---

① 刘海贵：《新闻采访教程》（第二版），复旦大学出版社2011年版，第7页。
② 王一岚：《新闻采访新编》（第一版），中国传媒大学出版社2019年版，第97页。
③ 樊云芳：《不露痕迹的"导演"——谈面对面采访的艺术》，《新闻记者》1984年第1期。
④ 刘仁圣：《广播电视新闻采访写作教程》，中国广播电视出版社2005年版，第100页。

挥的余地很小,一般要做比较直接的回答。这种提问更直接、更锋利,尤其在采访双方有较量的情况下,这种提问战斗力更强,便于记者对某个事件或人物的观点进行追问。但同时,这种提问方式需要花费记者更多的精力,尤其是在采访准备阶段,既要熟悉情况,更要反复思考,才能使提问更具针对性。

在具体的采访实践中,这两种提问方式记者都会采用。开放式提问有利于采访对象叙述自己的经历或新闻事件的经过,还可以调节谈话的氛围,缓解问答双方的压力,以及在开始或转移话题时使用;封闭式提问则一般用于证实、核对记者已经掌握的事实,深入挖掘材料、追问某些细节等。因此,在实际的提问设计中,要灵活、合理地交叉运用开放式和闭合式两种提问方式。

从提问角度来看,又分为正面提、侧面探、反面激。① 正面提是平时采访过程中用得比较多的一种提问方式,指提问要开门见山、直截了当,而不是拐弯抹角。这种提问方式要求记者抓住关键问题,单刀直入,直奔主题,一般适用于自己熟悉的采访对象或相对比较正式的采访,比如对领导干部、企业家、专家学者提问。这些采访对象通常没有太多的心理压力,只要他们接受采访,就会对记者采访的方法持一种宽容的态度。这种提问方式看起来似乎非常简单,但在实践中,正面提也需要做大量的准备工作,需要记者有对问题的把握能力,能将问题提到点子上。侧面探就像打仗一样,采用迂回战术,实行"农村包围城市"的方法,最终得到想要的答案。这一方法往往用于采访对象不愿谈及的内容。反面激是指通过一定强度的刺激设问,促使采访对象从"要我谈"转变为"我要谈"。这一方式通常用于有顾虑怕谈或自恃地位和身份高而不屑于谈的采访对象。

其实,无论采用何种提问方法,最终结果都是获取所需要的信息。向采访对象提问,是新闻记者获取新闻素材的重要途径。但是,在结合以上的提问技巧外,记者在提问时要提出高明的问题,当然,提出高明的问题之后,就需要让被采访者吐露肺腑之言,最终采集到核心信息,必要时也可以适当进行追问。

二、现场采访

电视媒介因其信息传播符号的特殊性,必须要求记者到达事实发生的现

---

① 马晶:《新闻采访与写作》,清华大学出版社 2019 年版,第 71—74 页。

场才能记录来自现场的声音和画面。现场既是新闻事实正在发生的地方,也是记者采访的现场,而现场采访是记者亲临新闻现场,通过现场观察、提问、拍摄而获取新闻素材的采访方式。好的电视现场采访是还原一个真实自然的交流状态,现场是电视采访的核心,电视采访的主体内容要求在新闻事件现场完成。对于非虚构类电视新闻、电视纪录片等节目而言,由于没有事先的摆布与预设,电视采访所面临的现场往往具有突变性、随机性。因此,如何在采访现场根据事态变化捕捉到生动、鲜活的现场信息,便成为电视采访需要着重思考的问题。电视采访在现场的主体工作可以分为两部分,一部分是拍摄——摄像机摄取声画一体的现场形象,一部分是记者的出镜采访报道。

现场采访有即时性,因为这种采访紧紧围绕事件或人物进行,可以立即掌握事件的全貌和背景,了解当事人的思想、心理活动和感受,给人以真实可信的感觉。现场采访必须作好充分的案头和技术方面的准备工作,要了解所要采访的事件或人物的详细的背景材料,并确定采访宗旨,拟出采访提纲,准备好要提的问题。同时,要检查好所用的采访设备,对于突发性的事件或临时性的采访任务,采访者应在瞬间抓住事件的本质提出问题,并掌握采访全局。现场采访的提问要恰当,简明扼要。必要时,采访者还可与被采访者进行攀谈,消除对方的紧张情绪。采访时间的长短由采访者根据节目的需要灵活掌握,对于被采访者说出的不利于播出的语言要及时打断,重要的地方应加以重复,但不要机械地重复,以免啰唆。现场采访要适应随时可能出现的变化,灵活周到。因此,现场采访要求采访者有高深的修养,广博的知识,较好的心理素质,较强的口语表达能力、临场应变能力和语言引导能力。

现场报道要突出出镜记者与事件、现场的关系。出镜记者的现场报道是向观众传达事发时"我在场"的信息。因此,在现场报道中,出镜记者首先要明确其与所报道的现场的紧密关系,从而突出记者在现场观察、报道的权威性。简言之,现场报道即突出"第一时间""第一现场",满足观众所需要的最及时的信息、最鲜活的现场、最直接的交流。

现场报道还应以动态的人际传播,形象化地展示现场信息。出镜记者可以充分利用人际交流的特点,通过记者动态、行为、语言为观众形象地传达信息。

现场环境和物件会使报道更加直观、形象。利用环境、物件因素是一种求证性的报道。记者应主动选择现场报道环境,充分利用环境因素加强报道与事件的联系,尤其是在主题报道或现象报道中,要特别考虑环境因素。比如,做体育报道时,把场景选在田径场、体育馆;做金融报道时,把场景选在股票交易所、银行大楼前;做民生报道时,把场景选在居民生活区等等。

尽量使现场信息条理化、秩序化。记者是现场信息的把关人,是新闻报道的首要组织者,现场报道也是让处于行进中的纷繁复杂的事件以一个比较清晰、明确的面目呈现在观众面前。因此,出镜记者在现场报道时要善于抓主要矛盾,抓事件主要脉络,忽略细枝末节,以明晰的发展思路把事件呈现出来。

报道中注意背景环境信息。记者在出镜报道时,通常是面对摄像机、背对事件现场。记者要善于在报道的同时,关注事件中的变化和突发因素,随时调整报道状态,以和现场形成有效的互动。

另外,摄像师应当配合出镜记者,提示、帮助他们随时注意其背后的信息变化,从而能够及时跟进事态,有时候还能避免尴尬甚至危险的场景。比如,美国地方电视媒体的一名记者在报道雪灾的时候,正当她在被冰雪覆盖的马路边全神贯注地面对摄像机做出镜报道时,身后一辆突如其来的铲雪车卷起千堆雪向出镜记者砸来。有经验的记者首先应该对出镜报道地点做出充分的判断,避免各种危险情况的发生。

总之,现场采访是一种搜集材料的手段,也是一种传递信息的方式,电视现场采访的重心既在于寻求新闻信息,也在于寻求表现和传播信息的恰当方式,争取更好的视听效果。

三、电话采访

通常我们把跨越空间距离的新闻采访称之为电话采访。电话采访包括固定电话、移动电话、卫星电话进行的采访,以及通过电话与在远方的演播室谈论某一个主题。远方的演播室通过电缆、微波、高清电话线或者卫星电话与母台相连,为电视台提供声音和图像素材。2015年3月,商丘市广播电视台举办的《消费者之窗》晚会,设置了现场投诉电话,实现了节目同观众的联系,产生了较好的传播效果。

电话采访的明显优势是能够跨越时空,节省时间,但是电话采访也有不足的地方,比如容易造成听觉误差、缺少视觉刺激。针对这种采访的利弊,记者需要把握好采访技术。在采访时,先交代清楚自己的身份、代表的单位、采访的意图,语气要和气,提问要简洁,录音要得到对方的同意;在采访结束时,要感谢对方对自己工作的配合。电视电话采访与一般媒介的电视采访意义有所不同:其一,在电视电话采访中,记者的电话采访行为本身构成了采访现场,往往具有丰富的内涵;其二,在电视电话采访中,被采访者的声音在节目中具体可感,具有权威性和见证性。

掌握电话采访的方法,就要有一套查电话号码的本领。电话采访,首先要知道采访对象的电话号码,否则无法进行。其次要做好电话采访前的准备工作,事先要认真、详细地拟好提问提纲,问题要简明扼要,以便对方理解,易于答复。通话后,和书面采访一样,要自报身份,讲明采访意图,争取对方的合作。如对方拒绝采访,也应有一套对策。另外,电话采访虽不像面对面采访那样能看见对方,但也具有双向交流性。因此,在交谈时,要注意礼貌,最好做到语气谦逊、随和,态度诚恳,既有利于采访顺利进行下去,又能给对方留一个美好的印象。与采访对象的交流要在平等、自由的环境下进行,良好的交流环境更有利于谈话和采访。同时,在交谈时,不但要完整地记下对方的谈话内容,还要对对方的语气、语调、用词等准确把握,防止误解、曲解。最后是做好核实工作,核实涉及的人名、地名、数字、专有名词等,有疑问的一定要在电话采访时第一时间进行核实,防止发生误差。

四、隐性采访

隐性采访也叫秘密采访和新闻暗访,是指在不公开自己的职业身份,或者不暴露自己的采访意图的情况下所采用的一种采访方式。隐性采访是一把双刃剑,从诞生起就受到争议。电视采访通常的方法是明察——在现场敏锐地边观察边分析边调查。只有当明确地感到若以记者身份采访不可能得到真实情况,且对方会竭力掩盖事实时,方可以用隐性采访、隐蔽拍摄的方法。

隐性采访主要包括两种情况:其一,记者有意隐瞒身份或者伪造身份出现在新闻现场进行采访;其二,记者在被采访者不知情的情况下进行采访,对于电视采访而言,主要表现为偷拍,如《焦点访谈》播出的《"罚"要依法》。该节目曝光了山西省长治市境内部分公路交警利用职权在309国道上乱设卡、乱收费、乱罚款的现象。节目中最精彩、最令人气愤的是记者使用隐性采访方式取证的过程。这个生动而典型的细节,是由摄像记者一个人完成的。记者装扮成搭车人,坐在驾驶室里与驾驶室外的交警讨价还价,设法拖延交警要的20元钱。一个强作笑脸、苦苦哀求,一个蛮横粗暴、强取豪夺,记者用偷拍设备把这一幕展现得淋漓尽致,摄取到了违法警察的"凶狠状态",为另一幕中司机谈警变色、闻罚丧胆做了很好的铺垫。

《〈3·15特别报道〉(2019年3月15日)》获得2020年第三十届中国新闻奖的一等奖。该栏目由10余名记者冒着一定危险,历时3个月,以卧底身份进入多个行业进行深度调查,揭露不为人知的乱象和黑幕,维护消费者合法权益,引发巨大反响。部分节目还引起国家市场监管总局高度关注和重视。深蓝财经曾对央视调查记者进行了采访,央视3·15晚会调查记者老K在接受采访时表示,报道从2015年8月开始,他是最早一批进入晚会组的。"进入晚会组后,我开始着手做外围调查,前后深入五家企业,在这半年内我没有做过记者,一直是在做各种各样角色的人,从业务员、销售员、市场部经理到某公司实习生,我转换了各种角色。""工作压力确实太大,我说一个最简单的例子,从去年一开始进组,我媳妇和孩子只知道我在晚会组,只知道我出差到某一个城市,但是他们从来不知道我在干什么,因为我不敢跟他们讲,我怕他们担心。"老K说:"危险无处不在,因为在这种环境下你要改头换面、改名换姓。一个人生活和工作时,你会压力非常大,而且你会时刻面临着不知不觉暴露自己的可能性。"

在调查中,与警察办案不同,3·15晚会记者没有刑事侦查的手段和工具,主要靠同事们之间的配合。老K说:"我们什么特权都没有,甚至在进入一个企业之前会事先商量好,如果被发现,为了能有第二批第三批后续记者进入,我们不能说自己是干什么的,因为要想揭露他们,自己失败不要紧,我们要给后面同事留出进入的通道,揭露就要把他揭露到底,不能半途而废。"从记者的采访中可以看出,隐性采访作为一种采访方法,是新闻记者顺利实施舆论监督的选择,现实生活充满着美与丑、正与邪、好与坏、光明与黑暗等矛盾冲突,它们都是媒体关注的内容,面对媒体记者,丑恶行为的实施者会千方百计来掩盖事实真相,甚至会百般阻挠,记者的公开采访几乎无法实施。如果要对一些不能公开的丑行进行曝光,隐性采访就是重要的手段之一。从这个意义上看,隐性采访是新闻记者为了揭露内幕、实施监督的必然选择。

记者进行隐性采访存在一定的危险性,因此,要经过精密策划和周密安排,才能取得预想的效果。这就需要掌握隐性采访的技巧。

首先,做好充分准备。要考虑可能出现的问题和危险,记者在深入敌营时,要注意如何降低危险度、如何避免出现侵犯隐私权的官司。在确保自身安全的情况下,再进行后续的工作。同时,根据现场情况,合理选择特定的隐性采访设备,如微型摄像机、无线话筒、超长焦镜头以及乔装工具等。在事先准备工作里,还要善于发展"线人",以便为后期的工作提供帮助。

其次,要取得相关公安、工商等执法部门的支持。记者为了公共利益去获得采访信息,在适当情况下,可以与相关公安、工商等执法部门共同合作以获得这些部门在政策、信息和人身保护等方面的支持,这也有助于从法律上保障采访活动的顺利进行。

最后,不仅要遵守法律法规,还要讲职业道德,有社会责任感。我国的法律对媒体报道设立的禁区有国家机密、商业机密、保护未成年人及保障妇女权益方面等。凡涉及这些内容的报道,记者必须慎重,甚至要予以保密,这也是记者在行使权利时必须履行的义务。除了法律的禁区,还有道德的禁区。在一些隐性采访的新闻报道中,部分记者为了获得原始视频,会出现不讲社会公德的恶劣表现。因此,采访方式和采访手段都需要遵守道德。

而在其他的采访中,记者基本都是采用显性采访,问话直抵要害,抓住破绽后穷追不舍,直到把对方追得无话可辩。隐性采访由于采访对象处于不设防状态,一般都会产生很好的戏剧效果,但不得滥用隐性采访,要慎用,只能在必要的情况下使用。同时,要遵守相关法律和道德约束,把握采访的"度",避免越位,以及在采访过程中要体现人文关怀。

五、体验采访

体验式采访是指记者全身心投入报道现场,进行现场观察,并与采访对象一起生活、工作,体验现场的气氛,获取切身的感受。它是记者深入基层、深入生活、深入群众,培养社会活动能力,改进采访作风的有效方法。体验式采访因其特有的优势被更多地应用于新闻采访活动中,或与其他采访方式结合应用,效果绝佳,记者通过体验式采访采写的新闻作品深受广大人民群众的好评。

体验式采访不仅可以让报道更鲜活,还可以让民生新闻更接地气。在中央电视台《新闻联播》2019年2月8日《新春走基层》的系列报道中,《北京城的"地下工作者"》①真实记录了首都下水道养护工人的工作和生活状态。他们出现在深夜,工作在井下,常年和污水、淤泥、垃圾打交道,而他们的工作,和我们密切相关。为了真实体验下水道养护工王志海的工作环境,记者和他一起进入管道,真实体验他的工作环境和工作状态。记者也按照井下操作规范,换上了防护服,戴上了呼吸器,跟随王志海一起下井。这种体验式采访报道,体现着对基层工作者的人文关怀,也让报道更有亲和力。可见,体验式采访让报道更具活力,是电视采访不可或缺的一种方式。

体验采访的方法主要有以下3种。

角色参与。没有"体验"就没有体验式采访。体验式采访要求记者在某一事件或某一行当中,扮演或充当其中的一个角色,或亲身参加事件的全过程,或亲身体验某一行业的甜酸苦辣。这就要求记者深入基层,与采访对象同吃住、同工作、同生活。之所以这样要求,是因为记者经过这样的体验,可以得到许多好的材料和精彩的细节。根据报道题材的不同,记者角色参与的难易程度和要求各不一样。有些题材,记者只要体验一个普通消费者的感受,操作难度不大。但是更多的题材,记者要体验的是自己不熟悉的某个特定角色,有可能需要特定的行业技能或身份,需要为此做精心的准备。

深入体验。记者在体验采访中,仅仅做个参与者还不够,深入其中是为了更好地感受采访对象的职业特点,感受他们的职业情感和个人情感。首先,记者对所体验的工作和事物要有一个相对完整的参与和观察,不能只取一点,也不能掐头去尾。其次,对所体验工作涉及的一些主要环节都要体验到。例如,山西电视台《午间新闻》的《走基层》栏目就曾经播出了一期体验城市掏粪工的节目,记者放下话筒,和工人们一起搬运、检掏公厕。在看这期节目以前,许多人可能会认为这项工作无非就是脏一点、累一点,但看过片子以后,却感到掏粪工作不仅脏、累,而且还有一定的技术含量。

明访与暗访相结合。在体验式采访活动中,有的记者则采用暗访。明访

---

① 《北京城的"地下工作者"》(2019年2月8日),央视网,http://news.cctv.com/2019/02/08/ARTIWmgx3tX40cB2YpbcjrIG190208.shtml,最后浏览日期:2021年12月29日。

多强调记者的参与性,适用于正面采访活动;暗访更强调记者的隐蔽性,多用于揭露性、批评性报道。在体验中将明访、暗访相结合,往往可以起到事半功倍的效果。例如,近几年来,贩卖儿童的犯罪案件经常发生。由于犯罪分子多属团伙上下线作案,隐蔽性强,具有较强的反侦察力,2009年就有记者假扮成人贩子深入河南省的一个农村"卧底",通过犯罪团伙下线层层深入,帮助警方成功解救出被贩卖的儿童,并为警方成功打掉这一犯罪团伙提供了重要线索。

总之,体验采访是新闻记者深入生活、体察民情的一种好方法。尤其是要多下基层,到社会的各阶层去体验,通过亲身体验,记者不仅能客观了解事物的真相,而且能获得大量的第一手材料,了解到其他采访方法了解不到的情况,从而写出更贴近实际、贴近生活、贴近群众的新闻报道。每一种采访方式都不是独立存在的,而是需要相互融合去使用。在实际的采访过程中,需要具体问题具体分析,提前做好采访工作,保证采访顺利进行。

第二节 受访动机与采访方式的选择和运用

采访过程既是记者与采访对象的言语交流,也是记者与采访对象心理接触、情感交流、取得信任、自由交谈、获得信息的过程。在这个双向互动的过程中,记者不仅需要明确自己的采访动机,掌握一般意义上的采访提问艺术和应对技巧,还要清楚把握采访对象心理层面上的受访动机。只有清楚采访对象的心理需要,促成采访关系的搭建,才能进一步获得信息。掌握新闻采访中容易出现的几种心理效应,知道采访对象可能存在的某些言辞或行为的直接原因,做好相应的应对技巧和方法,才能使采访更为顺利和成功。

一、社会动机与采访对象心理需要

(一)社会动机概述

动机是引起推动维持与调节个体的行为,是使之趋向一定目标的心理过程或内在动力。由人的自然属性、自然需要引起的动机称为自然动机;由人的社会属性、社会需要引起的动机称为社会动机,社会动机是人的社会行为的直接动机。

社会动机(social motivation)是以人的社会文化需要为基础,在社会生活环境中通过学习和经验而获得的。① 它是直接推动个体活动达到一定目的的内部动力、内部刺激,是个人行为的直接原因。社会动机推动人们努力学习和工作,积极与他人交往,获得社会和他人的赞许性评价等。

社会动机倾向可以分为两种:合作倾向和利己倾向。合作倾向(cooperative orientation),包括合作目标和纯粹无私目标,认为决策是一个合作博弈的过程,公平和谐与共同福祉是关键;利己倾向(individualistic orientation),也称个体主义倾向,包括纯粹的个人主义和相互竞争两种模式。个人主义指个人试图最大化自己的结果,无视甚至贬低他人的成果;相互竞争是指个人倾向于将决策过程视为竞争游戏,权力与个人成功是关键,这种模式存在破坏别人利益的倾向。

社会动机的种类有很多,其中较为常见的有:亲和动机、成就动机、权力动机等。亲和动机的心理基础是亲和需要,所谓亲和,即个体害怕孤独,希望与他人在一起,建立协作和友好联系的一种心理倾向。成就动机是个体对自己认为重要的、有价值的事情,会努力去克服困难,尽力达成目标的一种内部推动力量。权力动机是个体希望影响和控制他人的心理倾向。按麦克利兰(D. C. McClelland)的说法,个体都有影响或控制他人且不受他人控制的需要,满足这类需要的心理倾向具有动力性质,这就是权力欲或权力动机。此外,兴趣爱好作为推动人们认识事物、探索真理的重要动机,也常被学者用来解释社会动机。

社会动机还具有多种功能,如激活功能指社会动机激发个体产生社会行为,使个体处于活动的状态,是行为的启动因素;指向功能指个体的社会行为总是指向一定目标,社会动机使社会行为具有明确的指向性和目的性;维持与调节功能指个体的社会行为在达到目标前,社会动机起维持作用,如果行为受阻但只要动机仍然存在,行为就不会完全停止,它会以别的形式继续存在,比如由外显行为改为比较隐蔽的行为,这是动机的调节作用。

---

① 陈志霞:《社会心理学》,人民邮电出版社2016年版,第35页。

(二)采访对象心理需要

采访过程是一个充满心理互动与感应的过程,记者和采访对象的心理状态和活动的方式,对采访成功与否起了决定性作用。采访对象心理可以从个性心理和社会心理两个层面进行分析。

从个性心理层面可以将采访对象分为四个类型:理性外向型(理性、善谈)、感性外向型(健谈、情绪性)、理性内向型(思考深入、不善交流)、感性内向型(较封闭、不善言谈)。从社会心理层面可以将采访对象分为:热情配合记者采访、消极应付记者的采访、故意回避记者的采访、故意阻挠记者的采访四种类型。

作为行为发起者的记者,在采访过程中发挥主导作用,记者必须知道采访对象心理需要,把握采访对象行为趋势的社会动机,了解采访中容易出现的几种心理效应,有利于我们理解社会动机与采访对象心理需要之间的关系。

1. 首因效应和近因效应

首因效应与近因效应是由美国心理学家洛钦斯(A. S. Lochins)首先提出的。它们反映了人际交往中主体信息出现的次序对印象形成所产生的影响。首因效应是指最初接触到的信息所形成的印象对人们以后的行为活动和评价的影响。人与人第一次交往中给人留下的印象,在对方的头脑中形成并占据着主导地位,这种效应即首因效应,是社会知觉的一种主观倾向。首因效应又叫最初效应,即日常生活中人们常说的第一印象。通常情况下,对采访对象而言,记者就好比一个突然闯入的陌生人,或多或少会影响采访对象的心理态势。因此,记者和采访对象之间能否感情融洽,顺利沟通,记者的第一印象就特别重要。

近因效应则与首因效应相反,是指交往中最后一次见面给人留下的印象。这个印象在对方的脑海中会存留很长时间,常常会掩盖其所形成的原有印象而占主体地位。近因效应也是社会知觉中的一种主观倾向。一般来说,首因效应更多出现在和陌生人的交往上,而近因效应则更多出现在熟悉者之间。因此,记者要想与采访对象之间建立良好的关系维系,每一次采访都需要建立良好形象。

2. 自己人效应与异己人效应

所谓自己人,是指对方把你与他归于同一类型的人。大体上是指那些与自己存在某些共同之处的人。这种共同之处,可以是血缘、姻缘、地缘、业缘等关系,可以是志向、兴趣、爱好、利益,也可以是彼此共处于某一团体或某一组织中。自己人效应是指对自己人所说的话更信赖、更容易接受。采访中的自己人效应,是指采访对象对记者某种意义上的认同,把记者当朋友看待,能够知无不言、言无不尽,达到心心相印、息息相通的境界。反之,"异己人"就是指对方不把你当朋友,怀有警惕、戒备、怀疑的心态。在采访中,异己人效应就可能导致采访对象本能地对记者的提问或观点加以抵制。

记者与采访对象首次见面,应该努力寻找共同语言、共同感兴趣的事物、共同的情感和观点等,使双方心理上"共鸣",产生好感和亲近感。一般来说,人际交往中有几条重要的规律,比如,接近吸引律和情感吸引律,前者指时空接近和兴趣态度相似,后者则指情感上的默契、交融和共鸣。记者往往可以从对方的经历中找出共同点,比如,同一个学校毕业,同是老乡,在同一个地方工作等等,也可以寻找自己和采访对象在兴趣爱好、态度观点上的相似之处,以此作为打开话匣子的突破口,这同样能使对方产生好感。相反,一些不恰当的问题,不文明的举动都会诱发异己人效应。

3. 登门槛效应

登门槛效应,又称得寸进尺效应,是指一个人一旦接受了他人的一个微不足道的要求,为了避免认知上的不协调,或想给他人以前后一致的印象,就有可能接受更大的要求。这就像登门槛,只要对方乐意稍稍打开一个门缝,就有可能迈进大门,登堂入室了。通常情况下,一下子向别人提出一个较大的要求,人们一般很难接受,而如果逐步提出要求,不断缩小差距,人们就比较容易接受。人们都有保持自己形象一致的愿望,都希望给别人留下前后一致的好印象,人们往往也会有一种"反正都已经帮了,再帮一次又何妨"的心理。

杰克·海敦(Jack Hayden)在《怎样当好新闻记者》中讲到,一般来说,最好是到最后才提出使人难于回答的问题。这样,即使被采访者把你赶出门去,你已经把材料弄到手了。① 在采访中,记者与采访对象交谈,也应该灵活运用登门槛效应。提问时由易到难,首先从采访对象最熟悉或最近发生的事情谈起,然后再触类旁通,不断深入,从而了解事实的真相。记者如果求知心切,操

---

① [美]杰克·海敦:《怎样当好新闻记者》,伍任译,新华出版社1980年版,第156页。

之过急,就可能"欲速则不达"。谈话一开始,就提最尖锐的问题,往往容易引起对方的紧张或警戒,从而使访问的大门早早关闭。

4. 蝴蝶效应

蝴蝶效应表达的是一只南美洲亚马逊河流域热带雨林中的蝴蝶,偶尔扇动几下翅膀,可以在两周以后引起美国得克萨斯州的一场龙卷风。该理论最早出自美国气象学家爱德华·洛伦兹(Edward N. Lorenz)于1963年提交纽约科学院的一篇论文中,他认为蝴蝶扇动翅膀,导致其身边的空气系统发生变化,并产生微弱的气流,而微弱的气流又会引起四周空气或其他系统产生相应的变化,由此引起连锁反应,最终导致其他系统的极大变化。洛伦兹把这种现象戏称为蝴蝶效应,意思即一件表面上看来毫无关系、非常微小的事情,却能引起一连串的巨大反应。

在采访中,因为一些细微的事情把握不当而导致采访失败的例子屡见不鲜。一个不恰当的提问、一个不合时宜的举动、一个漫不经心的眼神、一句无心的玩笑都有可能导致采访对象的反感,轻则对采访开始持敷衍和厌烦态度,重则会干脆拒绝或中断采访,甚至可能引发其他意想不到的后果。比如,某报年轻的女记者在酷暑季节,去采访烈日下依然坚守岗位的清洁工。该记者自己全副武装地做好了防晒措施,打着遮阳伞、戴着墨镜,只把话筒一半伸到伞外,怕晒到自己胳膊。采访现场,大汗淋漓的清洁工都直接拒绝了该记者的采访。同时,该记者打伞采访的照片也被网友放到网上,认为其没有职业精神,引起了一番舆论热议,对该记者造成了不小的影响。

5. 超限效应

超限效应来源于马克·吐温(Mark Twain)听牧师演讲的故事。刚开始时,他感觉牧师讲得好,打算捐款;10分钟后,牧师还没讲完,他不耐烦了,决定只捐些零钱;又过了10分钟,牧师还没有讲完,他决定不捐了。在牧师终于结束演讲开始募捐时,他不仅分文未捐,还从盘子里偷了2元钱。这种刺激过多、过强和作用时间过久而引起心理极不耐烦或反抗的心理现象,被称为超限效应。

在采访中,为了避免事与愿违,防止超限效应发生,就要注意把握好以下两方面的问题:首先,是采访时间的把握上。一些名人、明星的时间非常宝贵,能够接受记者采访的时间并不多,因此,记者在采访前就应该拟好提纲,做好充分的准备,在采访过程中则要直入主题,言简意赅,速战速决。如果提问漫无目的,不得要领,再有耐心的采访对象也会感到不耐烦。当然,如果采访对象非常健谈,则可以适当地延长时间。其次,在提问时如果碰到采访对象不愿谈或不想谈的时候,则要视情况而定,或转移话题,或通过其他的途径委婉地表达。如果穷追不舍,打破砂锅问到底,也会引起采访对象过分紧张,无法容忍,导致采访受挫。

6. 安慰剂效应

所谓安慰剂,是指由既无药效又无毒副作用的中性物质构成的、形似药的制剂。安慰剂对那些渴求治疗、对医务人员充分信任的病人能产生良好的积极反应,出现病人期望达到的药效,这种反应就称为安慰剂效应。使用安慰剂时容易出现相应的心理和生理反应的人,被称为安慰剂反应者。这种人的特点是:好与人交往、有依赖性、易受暗示、自信心不足,经常注意自身的各种生理变化和不适感,有疑病倾向和神经质。

采访的安慰剂效应与心理学上的提法则有些差异。在采访中,安慰剂效应指的是记者通过各种途径,表示对采访对象的关心、同情、慰问和帮助,取得采访对象的认可和信赖,使采访得以顺利进行。特别在一些灾难性或者突发性事件的采访中,对死难者家属的采访,就特别要运用好安慰剂效应。对死难者家属而言,亲人的突然辞世,对他们来说不亚于晴天霹雳,身体和心灵上的打击是巨大的,他们的心情异常地悲伤、痛苦,情绪处于敏感和不稳定状态,这个时候,稍微一点刺激,也许就会在他们中间掀起轩然大波。此时,记者对死者家属的采访就必须相当谨慎,除了事先要打好招呼、征得采访对象的同意外,在采访过程中,态度上还要表现出应有的关怀、慰问之情,提问的用词用语也要恰当周到。既要避免伤害死者家属脆弱的心灵,又要确保采访的事情真实清晰。

总而言之,在采访中,记者如果能够了解掌握采访对象的一些常见的心理效应,并使用正确的方法和策略加以应对,对顺利地完成采访是很有帮助的。

二、受访动机与采访报道类型

(一)受访动机

在采访过程中,记者首先要了解采访的目的——为什么要采访被采访对象？采访对象接受采访的目的，是进行个人的宣传或是挽回声誉，还是表现自己等等。记者根据被采访者不同的采访心理就能够把握被采访对象的受访动机，确保采访内容的真实性。因为在采访民生新闻的过程中，经常会遇到类似的问题，其中的一些敏感话题、负面内容都会在社会上引起广泛的关注，所以记者更应该把握好采访对象的受访动机。

在展开采访活动之前，记者应该了解清楚为什么采访对象愿意接受采访、配合采访。在一些正面事件的采访当中抑或负面事件的曝光采访当中，绝大一部分采访对象还是比较愿意配合记者展开采访活动的。而在对这些采访对象进行正式采访之前，便需要记者了解清楚这些人之所以愿意参与采访的目的和动因，以能进一步展开有效的采访活动。例如，在记者曝光一则关于商场欺客的事件的过程中，记者的主要采访对象便是商场的相关负责人，而商场的相关负责人在接受采访的过程中，对采访有着极大的表达欲望，在其表达心理中便蕴含着以下可能：其一是想要借助此次采访来进行负面营销；其二是想要通过采访活动来推卸自身所存在的责任。因此，记者一定要在采访的过程中明确采访对象的表达目的以及实际诉求，通过掌握其受访动机来进一步保证采访内容的真实性。

（二）采访报道类型

采访应当根据采访对象的不同情况、记者不同采写目的，以及不同的采访态度，来选择不同的采访类型，采访时要尽量扬长避短。按照采访渠道可以把采访类型分为面对面采访、视频采访、电话采访、电子邮件采访以及短信采访。这五种采访方式各有利弊。

从记者可获得信息多样性的角度看，电话采访、电子邮件采访和短信采访的信息多样性较低，也就是记者只能听或者只能阅读，而不能看见采访对象或观察周围环境。而这对于采访对象也是一样。

例如电话采访，记者虽然可以克服空间障碍，通过电话在全世界范围内寻找合适的采访对象，还可以一边采访一边敲键盘记录，但是这种采访形式不利于培养记者与采访对象之间的信任，不便于长时间深入采访。此外，敲击键盘的声音会让采访对象不安，说话也会更谨慎，有的采访对象甚至会要求马上结束采访。

电子邮件采访,虽然记者可以很好地构思问题,低成本地采访世界各地的人,但这种采访被忽略的可能性更高,即使是得到答复,也是经过精心准备、过滤的回答,有时记者甚至根本不能确定回信的人是自己想要采访的人。

而短信采访,一般只能局限在国内,无论是提问还是回答,都不可能太长。同样,用短信发送的问题,被忽略的可能性也较高。

因此,只要可能,首选面对面采访或视频采访,有条件限制时再考虑电话采访,尽量避免电子邮件采访和短信采访。

从不同媒体看,采访可以分为明日报纸消息采访、出镜出声采访和深度报道采访。明日报纸消息采访多见于文字报道,记者的目的是获取事实和观点,采访本身并不会太长。出镜出声采访是广播、电视常用的采访方式,采访全过程或片段会出现在广播或电视节目中。出镜出声采访可分为直播采访(采访的同时就播出)和录播采访(采访经过剪辑后播出)。深度报道采访既可能出现在平面媒体上,也可能出现在广电媒体上。在这类采访的过程中,记者要正确认识到与采访对象互动的重要性,从而设计出更为有效的互动模式,为接下来展开有效的互动带来更多实际性的帮助。

三、创造良好的采访对象心理状态

采访对象心理状态专指采访过程中采访对象的心理活动与心理特征,包括其对记者采访意图的认知、理解的程度、所抱的态度(积极的或消极的)以及表达新闻事实的能力。

(一)心理调控的意义

心理调控对采访的顺利开展具有重要作用。一方面,心理调控有利于谈话主客体之间形成良好的互动关系。中央电视台原著名主持人王志曾说过,"记者不仅是访谈的控制者,同样是一个冷静的观察者。记者的眼光是职业的眼光,他用职业的眼光去捕捉交谈中的细节,揭示对方企图掩盖的内幕,去发现观众感兴趣的东西"。采访的立意就在于实现记者与采访对象之间思想的碰撞、情感的交流以及内心感受的分享。作为采访对象,既然同意接受采访,就说明有交流、倾诉的欲望,希望别人倾听、认同、理解。这就需要记者学会倾听,并且在采访过程中细心观察,对采访对象的讲述及时给以赞赏、安慰、激励甚至是质疑的反应,形成你来我往的交流场,制造良好的谈话氛围,激发其表达的欲望,这样才有利于采访的顺利进行。另一方面,心理调控有利于话题的深入和主旨的贯彻。记者在采访的前期准备工作中,一般要对采访对象的性格、专业领域和人生经历有充分的了解,这样在谈话中才能获得对方心理上的认同,采访对象才愿意让记者走进其内心世界,把心灵深处的想法和感受与之分享。同时,每一次的采访都有特定的主旨,为更好地实现采访的主旨,记者需要通过调整与采访对象谈话的态度和方式,或正面鼓励,或反面激将,引导采访对象完成受众对信息的期待,从而使新闻的主旨得到更鲜明的呈现。

可以说,在记者采访中与采访对象之间要形成良性的互动关系,从而实现鲜活、深入的思想和情感的交流,最终抵达采访主旨,很大程度上依赖记者对采访对象的心理调控。

(二)决定采访对象心理状态的因素

采访对象的心理状态受各方面因素影响。首先是需要意识。采访对象认为接受采访能够满足自己某些方面的需要,具备接受采访的动机,这样采访对象就会积极地支持、配合采访报道。一般来说,需要和动机来源于采访对象自身,但是有些情况也需要采访者去启发和诱导。其次是稳定的心境。所谓心境是指在一定时期内给人的心理过程和行动涂上一层色彩的一种情绪状态。对采访对象而言,接受采访时所处的心境至关重要,这种心境会影响采访效果。但是在某一些揭露报道中,有时受访者表现出来的焦虑、烦躁、粗暴也许正是采访者所需要的,尤其是对于电视新闻而言。再次是记忆和表达。完整准确的记忆和清晰、富有逻辑的表达总是有利于采访顺利展开,记忆和表达不仅仅是一种能力,也表现为一种心理状态。一些访谈性、谈话性电视节目往往避开那些表达不好的人物嘉宾。最后是信任感。这也是制约采访活动效果的一个重要因素,特别是那些涉及个人隐私或因为报道可能给受访者造成伤害的情况。

(三)心理调控的途径和手段

对采访对象的心理调控要做到合理有效,就必须做好前期准备工作。只有在阅读大量相关资料的基础上,充分了解对方,对方才能在心理上接受你、信任你,才能获得与之平等对话的资格,采访对象才愿意说出他们的心里话。在做好一切准备工作以后,采访进行过程中如何见机行事,适时调控对方的心理,也是需要用心研究和揣摩的。一般而言,其方法和手段主要有以下4个方面。

1. 营造良好氛围,唤起采访对象最佳心理状态

采访情境是指记者与采访对象相联系的一种客观环境,包括能够影响采访对象心理变化的社会环境、采访场合、他人关系等。采访情境是认识主体眼里的世界,它不是纯客观的,而是带有主观色彩的,是采访环境和认识主体内在因素的统一。这种统一往往以某种气氛、氛围的形式体现出来。高明的记者的采访艺术就在于他善于按照采访的目的去利用或营造某种气氛,诱导采访对象"愿说""想说"。

在中央电视台新闻频道《面对面》专访节目《张桂梅:大山里的女校》中,记者并没有将采访地点设在某个专门的会话厅,而是直接走进张桂梅工作、居住的华坪女子高中,从张桂梅平时工作的教室,转换到张桂梅居住的宿舍。这种安排符合采访对象的身份和人物特征,即张桂梅是教师出身,现在担任校长后,与学生同吃同住,将一切奉献给学生。该节目一方面向观众真实生动地展示了张桂梅的起居生活,另一方面让采访对象在自己熟悉的环境中,更加放松自然,也更容易基于真实的情境有感而发。

2. 把握缓和的谈话节奏,构建有利的采访情绪

采访对象的情绪往往影响采访谈话的效果,为此,作为主导方的记者就要创造一个和谐的环境情境,驱散采访对象的陌生感、紧张感。想构建十分有利的采访情绪,要求记者在采访中把握好谈话的节奏,在和缓的气氛中冷不丁抛出一两个尖锐敏感的问题,使对方情绪饱满起来;再适度地宽慰几句,谈些轻松的话题,让谈话继续下去。这样,整个采访过程就会显得波澜起伏,张弛有度。一般情况下,记者提问往往先提出容易回答的问题,尖锐的问题往往在后面提出。除了记者招待会、新闻发布会等特别形式,先易后难是记者在大多数场合提问所遵循的规律之一。

《杨澜访谈录》策划推出了《后疫情时代的中国经济》特别访谈系列节目,这一系列访谈聚焦社会热点,直击在新冠肺炎疫情冲击下的中国经济。访谈主题较为严肃且宏大。在专访中国第一、世界第二大汽车玻璃供应

商——福耀玻璃工业集团股份有限公司创始人曹德旺时,杨澜以"曹总,您在这个办公室里已经工作过多少年了?"这种较为轻松、缺乏争议的问题开场,让受访者在回答问题的过程中更加自在、轻松。一般情况下,顺着受访者的思路进行追问,可以更好理解受访者的思想。在访谈中,杨澜有时候并不直接发问,而是旁敲侧击曹德旺的看法,使得曹德旺变得更加健谈,也更加能敞开心扉。

3. 提问方法的灵活调用,提问技巧的恰当使用

对于记者来说,会不会提问,在什么时候提问,是篇大文章。在采访中,记者不断对提问方法进行调整,也是记者对采访对象心理调控的重要手段之一。面对不同的采访对象,需要采用不同的采访方法。如果采访对象性格开朗且善于表达,记者可以开门见山,直截了当;如果采访对象比较腼腆且不善言谈,记者就应循循善诱,用细节提问帮助其讲述;如果采访对象对采访存有戒心,记者就要采用激将法、质疑法,迫使对方说真话。

2005年,中央电视台在《新闻调查》栏目中播出《沉默在尖叫:女子监区调查》,记者采访了某监狱里十几位女重犯及其家人。在面对不同类型的受访者时,记者的采访方式也不同:面对脆弱的、寡言的女囚犯时,记者选择试探的方式采访(隐问法);面对儿童时,记者选择了简短地提问,循序渐进。在整个采访过程中,记者都是以平等的姿度对待女囚犯家属,如不嫌脏地用手抹去照片上的灰尘,安慰女囚犯的女儿,帮助传达女囚犯为儿子写的书信等,这些也在一定程度上帮助了采访的推进,拉近了采访双方的距离。

4. 运用眼神、表情等非语言符号信息

记者不仅可以通过语言,还可以运用眼神、表情等非语言符号信息来对采访对象的心理产生作用和影响。眼神、表情、手势等被称作肢体语言,它有时能传达出比有声语言更为丰富的信息,产生"此时无声胜有声"的效果。例如,认真倾听的姿势、关注的神情、善意的微笑等,这些肢体语言传达给对方的是肯定性的信息,对方得到这种反馈就会更有兴致往下说、往深谈。而微皱的眉头、怀疑的目光、意义双关的微笑,则会让对方不安起来,无意中说出关键性的东西来。有时哪怕是一个小小的停顿,都会对采访对象的心理起到微妙的作用。在实际采访活动中,记者对采访对象心理的分析与控制是多方面的。2014年《面对面》节目,中央电视台记者水均益与俄罗斯总统普京面对面交流。

水均益首先问及了中俄的战略关系,而不是直接问及索契冬奥会相关事宜,先使双方达成政治共识。随后,水均益指向身后的滑雪场,自然而然地引出对索契滑雪场的提问,化解了谈及政治问题时的严肃氛围。当谈话在冬奥会的一些政治议题,如同性恋话题、众多国家领导缺席索契冬奥会等停留一段后,水均益又面带微笑地借中国网友之口,问普京最不擅长的运动是什么。在谈及政治问题后提出这样的问题,有缓解严肃紧张氛围的作用,给采访对象一个缓冲的时间。这次采访的政治性较强,可以看出水均益准备充足,基于中俄的良好国际关系,以及普京直爽的个人性格,灵活转换各种提问方法和技巧。采访结束时,普京还给了水均益一个兄弟般的拥抱。

思考题

1. 对于提问采访,我们应该掌握一些什么技巧?
2. 什么是电话采访?请就一次突发事件进行电话采访。
3. 什么是现场采访?如何做好新闻采访?
4. 隐性采访的适合范围有哪些?隐性采访的技巧是什么?
5. 体验采访要注意些什么?与隐性采访有何区别?

第五章　记者提问与记者出镜

"提问是记者的天职。"对新闻记者来说，在采访过程中最重要的环节就是提问。记者是公众和客观事实之间的桥梁，记者就代表公众的嘴巴，记者提出问题，并把采访对象的答复传递给公众，让观众了解事实情况。提问也是记者一项特殊的基本功，如何提问是记者职业水准及职业道德的展现。记者的提问充满了智慧和技巧，电视媒体不同于其他形式的媒介，电视记者采访提问有其自身的独特性。

第一节　电视记者采访提问

一、记者提问的基本原则

有组织、有逻辑关系的一系列提问，尤其是受到被访者启发而即兴提出的那些问题，引导记者一步一步接近事情的真相。相反，不成系统的、前后没有逻辑关系的、片面的提问，会使整个采访的质量大打折扣。为了有效引导受访者，需要遵守以下原则。

第一，相互尊重原则。这一点是采访过程顺利开展的前提和基础。在电视新闻采访中，记者与受访者独立、平等，记者唯有铭记相互尊重这一原则才能够提出规范、合理、人性化的问题，不将受访者置于难以回答的境地；同时，受访者也应该对记者在采访中的位置形成正确认识，不要单纯将采访活动定义为是对记者工作的支持，要认识到电视新闻事业服务于社会民生。

第二，倾听原则。受访者是采访活动的信息来源。作为采访活动的主体之一，记者虽然要起到充分把控采访现场节奏的作用，但要明确其归根结底只是引导者、倾听者,唯有给受访者留下充分的空间,才能完好地讲述事件经过。同时,这也是尊重受访者、不喧宾夺主的最佳方式。

第三,研究性原则。在新闻采访过程中,受访者作为独立单元,拥有鲜明的个性特色,会按照自身习惯的逻辑开展事件陈述,这种相对较强的主观能动性往往容易致使采访内容综合、庞大。在条件允许的情况下,记者若想获得最为真实、有价值的信息,势必通过研究受访者前期在某一特定事件中充当的角色来综合认识其性格特征,为采访活动中的提问做铺垫。

第四,计划性原则。在采访正式开始之前,记者需要做好充分的准备,这是保证采访工作有条不紊开展的必要条件。新闻记者要明晰采访缘故,了解受访者,并根据具体情况制定一系列提问策略;同时,围绕事件性质,科学定位采访的语气神色、气氛以及采访时间,从而层层分解采访计划和任务,保证采访现场在有限时间内圆满完成任务。

二、记者提问的方法与技巧

记者提问的方法与技巧通常有正问法、激问法、侧问法、追问法等,都需要记者根据采访对象和采访现场的状况随机应变地使用。总之,记者要充分掌握人际交往中心理沟通的学问。

(一)正问法

正问法,也叫开门见山法或是单刀直入法,就是记者直截了当地从正面提出问题,让采访对象清楚知道回答的内容。对比较熟悉的采访对象,因为早有感情交流,所以不必过分客套寒暄;对官员、专家、名人等比较健谈的采访对象,因为有相当的社交经验和社会经历,顺应性较强,容易领会记者意图,加上时间紧迫,所以不必拐弯抹角。正问法的前提是,提问问题是受访对象乐于配合的非敏感问题,如果记者询问的是对方不愿意谈及的、可能带有敏感性的问题,那么此时直接提问,对方可能避而不谈、闪烁其词。

(二)激问法

激问法,又叫激将法、反问法,它是指记者对于采访对象不愿意回答或者不愿意多谈的问题,要么提出一些不利于对方的说法,要么有意误解对方,从而刺激对方非答不可的一种提问形式。激问法不易滥用,要运用得适时、适度。美国新闻学者肯·梅茨勒(Ken Metzler)在《创造性的采访》中讲到,尽量把"爆炸性"的刺激提问放在将要结束采访之前。这样,一则经过一段时间的交谈双方有了了解,提问就可随便点;二则万一谈崩了,对整个采访影响不大。① 因此,在采访氛围较为良好时提问,并且记者应提前设计一些调节气氛类的话题,如果在刺激提问之后,采访对象负面情绪较为厚重,那么就先抛出这些调节气氛的非重点问题,当对方态度好转,再继续提问重点问题。同时,尽量引用非特指他人的话,这样做是为了避免双方的直接对立或迁怒于第三方。记者不是存心要与采访对象作对,而是做一个持怀疑态度的观察者。记者的采访目的不是把对方激怒,而是深入挖掘事态的真谛。

(三) 侧问法

侧问法,指访问时出现障碍,通过正面提问对方回答不清或不愿回答问题,那么就要放弃正面发问,采用迂回式提问法,通过侧面提问,表现正题。一般可分为拆解式侧问法、铺垫式侧问法、包装式侧问法。拆解式侧问法指如果采访对象回答不清时,大部分情况是问题过于抽象难答,超出采访对象的能力水平,此时要将抽象问题具体化,可以通过一组简单具体问题串的形式,步步引导对方思考,这种方法被称为拆解式侧问。铺垫式侧问法指针对对方不愿意提及的敏感问题,记者可以提出一些看似与原来要问的敏感话题关系不大但是有内在联系的问题,引导出原问题,这种方法即为铺垫式侧问。包装式侧问法指在面对采访对象不愿多谈的话题时,还可以选择将敏感问题换个缓和的说法。

(四) 追问法

追问就是抓住采访对象提到的线索,紧追不放,直到得到满意的结果为止。它是在提问基础上进一步提问的一种提问方法。追问一般会有四种情况:记者感兴趣,需要对方谈得更详细、更具体、更细节;采访对象的回答中出现了新线索、新信息,需要进一步了解;采访对象未能回答清一些问题,或故意

---

① [美]肯·梅茨勒:《创造性的采访》,李丽颖译,中国人民大学出版社2010年版,第76页。

回避一些问题;一些关键数据或专业术语,记者没听清或没听懂。停顿是采访中与追问相反的另一种方式,它通过记者有意识的停顿,以鼓励采访对象继续回忆、作答。美国哥伦比亚广播公司著名记者迈克·华莱士曾说过"我发现,在采访中,你可以做一件有意义的事就是,提一个巧妙的问题,在对方答复之后,停止它几秒,好像你还在等待他说点什么。你说怪不怪?对方会觉得有点窘迫,于是说出更多东西"。[①]

三、记者提问的一般性技巧

记者开展新闻采访工作一般采取的提问方式,可根据其提出的问题类型分为两大类,一个是开放式问题,另一个是封闭式问题。

(一)开放式问题提问技巧

开放式问题具有概括抽象的特征,范围限制不是很严格,给对方以充分的发挥余地。如果细致来划分,开放式问题又可以分为完全开放式问题和半开放式问题。典型的完全开放式问题有:"这件事的基本情况,您能介绍一下吗?""您最幸福、痛苦的是什么呀?""您是如何看待某人某事的?"等。半开放式问题相对于完全开放式问题更具体些,常见的半开放式问题有:"您觉得哪些优点最吸引您?""您通常都是怎样(如何)应付这些问题的?""这个政策给您带来哪些方便?"等。

开放式问题一般比较自然、和缓,有利于创造融洽的谈话气氛;对方回答起来比较自由,在记者不熟悉情况的时候,可以达到"投石问路"的效果;提问相对容易。开放性问题也具有一定的局限性,由于问题较为宏观,采访对象有时容易泛泛而谈,或感到问题太大,不好回答;问答联系较为松散,谈话难以具体深入,甚至容易跑题;完全开放式问题过多容易给观众留下记者缺乏准备、专业水平不高的印象。

(二)闭合式问题提问技巧

闭合式问题往往带有记者的预设答案,不需要采访对象展开回答,且相对

[①] 师小涵:《"我又八卦又坚持"——迈克·华莱士的22件事》,《南方周末》2012年4月18日。

受到限制,具有封闭性特征。比较经典的完全闭合式问题有:"……是否……""……是……还是……""会不会……?"等。闭合式问题有两种提问方式:一种是记者根据采访对象的特点和手头掌握的背景资料,把完全闭合性的问题主干与背景材料有机结合,从而达到"闭中有开"的效果;另一种方式是记者对细节、数据、场景、参与人员等进行具体提问,属于针对特定人或特定事的发问。

闭合式问题往往都比较具体,容易得到具体回答。问答联系较为紧密,可以保证谈话深入进行。当然,也存在一定的缺陷。比如,记者设计出恰当的具体问题需要投入更多时间、精力,对于采访准备和临场反应具有较高的要求。另外,闭合式问题有时可能会比较尖锐,也许会导致采访对象不予配合的情况。闭合式问题选择不当可能会影响对全面情况的了解,因而,在采访活动中要根据具体的情况合理选用提问方式。

四、电视记者采访提问的个性特点

电视新闻的视听素材依赖电视记者的采编,在某种程度上,电视记者采访水平直接决定电视新闻的制作水平。电视媒介的特点决定了电视记者采访提问的个性特点。第一,记者要具备镜头意识。电视采访的一个最大特点便是,这种采访是置于镜头之中的,采访者不仅要面对采访对象,还要面对镜头,实际上也就是面对镜头背后的电视观众。因此,电视采访提问必须具有极强的镜头意识,即意识到自己的采访是直接代表观众进行采访,自己的采访是代表观众与采访对象进行交流。由于镜头的客观存在,电视记者的采访和提问便具有一定的"表演"性质。如,电视记者尤其要注意个人装扮、采访姿态、提问语气语调,善于克制感情,压制愤怒,善于保持与镜头之间的默契配合等。第二,记者提问应当协调好与现场画面的关系。提问不宜重复现场画面中已经展现的信息,应当向未知信息领域和深层次领域拓展。电视采访提问要结合现场气氛,要善于观察现场气氛和环境,因景生意,触景生情,有感而发,即兴提问。第三,记者要勇于打断、善于打断采访对象,及时转换采访话题。电视采访时间受到拍摄者体力以及摄像机电池和磁带制约,对于那些避实就虚,夸夸其谈或者刻意周旋的采访对象,要善于打断采访谈话,及时转换采访话题。第四,记者要恪守"一次最佳"原则。电视采访可以预热,但正式的采访要确保一次完成,因为一次完成的采访往往是最真实和生动的,所以要以直播的标准来进行每一次电视现场采访。第五,记者要充分利用电视采访的互动性特点,善于捕捉对方表情细节,创造有效的情绪互动,及时准确提问。

第二节 电视记者的现场出镜

电视记者的现场出镜在电视新闻采访中具有非常重要的意义。了解电视记者出镜的主要功能、作用以及掌握电视记者出镜采访的行为类型,能够帮助我们更好地理解电视出镜记者这一职业,也能帮助我们在未来新闻采访、报道活动中找准自身定位、做出优秀的新闻作品。

一、记者出镜的主要功能和作用

现场出镜的记者有专门的称呼——出镜记者。出镜记者指的是在镜头中对新闻进行传达、对人物进行采访、对事件进行评论的人员。西方将这样的出镜人员称为"On-camera correspondent and reporter",在我国被翻译为"在镜头中出现的通讯员和现场记者"。[①]

电视记者的现场出镜主要有两层含义:首先是要在镜头出现,其次要对新闻事实进行准确的报道。根据出镜的目的、采访对象、节目时长等,大致可以将出镜记者分为两种:一种是针对新闻事件进行现场报道的出镜记者,另一种是对典型人物进行访谈、调查的出镜记者。从本质上来说,不管是哪种类型的出镜记者,都是为了拉近现场和观众之间的距离、更加准确地传达现场的事实信息、实现电视传播中人本化的传播方式。

出镜记者最早出现在美国。1963年11月22日,美国第35任总统肯尼迪遇刺,记者丹·拉瑟(Dan Rather)用17分钟的现场报道让世人第一次认识到了出镜记者这个角色。[②] 中国的出镜记者出现在20世纪90年代,他们为中国的观众们带来了现场的实况报道。

[①] 王潇:《浅谈新闻节目出镜记者的基本素养》,《辽宁广播电视学刊》2013年第5期。
[②] 苗棣:《拉瑟门》,《财经》2004年第24期。

电视记者出镜的主要作用有如下五项。

(一)增强新闻报道的现场感、真实感

出镜记者在新闻的现场手举话筒进行现场报道,我们在电视机前收看、收听到的画面全都来自现场。这跟主持人在演播室中播报是有很大区别的,往往主持人的大段事实陈述,也不及现场报道的十几秒来得更加具有冲击力。例如,在进行暴雨淹城的报道时,主持人基本都会跟现场的记者进行"连线"。从现场记者发回的报道里,观众可以直观地看到出镜记者周围的情况,水淹到什么程度、救援现场是否有序、现场采访的人员是什么看法等都能够得到最为清晰、真实的呈现。

在第二十三届中国新闻奖上获得一等奖的电视直播节目《雨中进行时——7.21北京特大暴雨》中,暴雨使得第一现场的直播车困在积水中寸步难行,正常的直播无法进行。这时候,电视出镜记者就发挥了重要的作用,可以说没有电视出镜记者,这则报道就很难进行下去。当时,北京电视台的前线记者立刻决定冲进暴雨中进行采访。由电视出镜记者连续进行了长达16小时的单兵式新闻直播报道,及时向社会、向观众传递了暴雨现场的真实、紧急情况,展现了北京市政府、人民解放军和普通民众在救灾前线的努力。这也让电视机前的观众们能够不出家门就了解到这场暴雨给人们生活带来的重大影响。记者现场发回的报道具有充足的真实感和现场感,让观众和现场无限接近于"零"距离。

(二)使现场新闻报道更加条理化

在新闻报道的现场,出镜记者对语言、动作、表情等各方面都要进行组织管理,这又被称为出镜记者的出镜语。出镜语主要包含两个部分:有声语言和体态语言。出镜记者专业的新闻素养、过硬的语言组织能力、缜密的逻辑思维能力都有助于出镜记者在现场组织事实材料,从而更加有条理地呈现新闻事实、更巧妙地引导采访对象、更好地把控新闻报道的有序进行。

在第三十一届中国新闻奖上获得一等奖的电视新闻访谈节目《新型冠状病毒肺炎,情况如何?》中,电视出镜记者白岩松对国家卫生健康委员会高级别专家组组长钟南山进行了专访。武汉的真实情况如何?此次的病毒是否会人传人？我们应该做怎样的防护？各种疑问萦绕在人们心间。此时，能够对钟南山进行专访，对把握当前形势、发出权威声音、解答大众疑惑有非常重要的作用。白岩松作为进行直播连线专访的记者，既要能在短时间内尽可能获取关键信息，又要合理把控时间、顺利推进采访。在连线采访最初，白岩松就交代了本次采访的来之不易及钟南山院士能接受采访的辛苦，之后就2019新型冠状病毒病与SARS（重症急性呼吸综合征）的区别、2019新型冠状病毒病对人体的伤害程度、对人传人现象的判断等问题对钟南山院士进行了采访。在访谈期间，通过出镜采访记者白岩松的现场把控，节目还插入了短片的播放，从而对相关的信息进行补充。整个访谈节目由出镜记者白岩松开启和结束，中间进程也由他进行推进，这样使得整个新闻报道更加有条不紊。这则新闻报道首次明确发出"现在可以这么说，肯定是有人传人现象"的重要声音，正式敲响了全国抗疫的警钟。

（三）搜集摄像机不能直接记录的信息

新闻报道现场的很多信息并不能直接由演播室的主持人来陈述，或是由摄像机来捕捉。出镜记者的存在能够更加敏锐地从个人角度去捕捉现场传达的信息。例如，人际关系、内心情感、采访者细微的感受变化等等，都不具有直观形象的信息。摄像机难以呈现这些内容，需要出镜记者发挥他们的主观能动性。

（四）呈现新闻现场最值得强调的新闻点

现场的新闻报道意味着出镜记者必须在短时间内就找到新闻现场最值得播报的新闻点。在演播室与现场记者"连线"时，出镜记者可以在现场将新闻点强化突出，从而让现场报道为整个新闻节目增色。例如，在暴雨淹城的报道中，出镜记者往往会到现场展示水淹没过身体多少、房屋被淹到什么程度等等，从而形成更具冲击力的现场报道，最大限度发挥电视新闻现场报道的优势。另外，在采访现场往往有很多纷杂的信息同时呈现，单是用镜头去记录是很难找到它们背后所蕴含的信息的，这时候出镜记者的加入则能够在短时间内对现场进行简短的采访，让抽象的话题得到展开和衍生，从而实现采访主题的深入和报道独特性的挖掘。

在宁夏广播电视台的电视消息《贺兰山生态环境整治后　大批野生动物

重回家园》中,出镜记者就起到了强调岩羊出现的珍贵和激动人心的作用。从2017年5月开始,宁夏陆续关停了169家在贺兰山国家自然保护区范围内的矿山企业。通过两年时间的环境综合整治,曾经满目疮痍的工业区,渐渐焕发生机。草绿了,树多了,野生动物也来了。在这则电视消息报道中,记者从基层获得采访线索,克服重重困难,数次进入贺兰山腹地的多个整治矿区进行调查,终于通过镜头捕捉到了岩羊、马鹿、金雕等野生动物活动的瞬间,生动呈现了野生动物重回矿区的生态场景。在新闻报道中,观众随着出镜记者的声音一起数"一、二、三、四……",并跟随记者和镜头的指引追随着在山头自由奔跑的岩羊。野生岩羊出现的这一刻,由于记者数羊的声音强调,更加显得激动人心。生态环境整治得如何无须过多的数据介绍,这些野生动物的出现就是最好的名片。

(五)与演播室配合、形成生动的报道空间

现场直播的播放内容一般都有两个来源,一种是由主办方提供的公用信号,得到授权的频道和栏目都可以进行转播。例如,一些程式化的媒介事件:阅兵仪式、体育比赛、庆典活动等等。另一种则是各电视媒体派出的现场报道记者。在全国瞩目的重大媒体事件中,我们往往能看到各家媒体各显神通,在传播手段上花样翻新的同时,各家媒体的现场出镜记者也会尽量挖掘新闻点以求新闻播报的独特性。特派记者的现场直播、评论与演播室内的主持人播报相辅相成,尽可能地向观众展示更多的新闻事实,形成了更为生动的报道空间,也更好地满足了观众了解新闻事实的需要。[①]

《中国"奋斗者"号载人潜水器万米级海试》是一个电视新闻现场直播报道。在这则报道中,电视出镜记者和演播室的主持人就形成了良好的互动和配合,使得电视新闻直播报道更加生动、鲜活。这则报道首先由主持人在演播室引导观众关注大国重器——中国"奋斗者"号载人潜水器万米级海试的最新消息。然后由"探索二号"的"沧海号"着陆器的控制室现场的电视出镜记者杨理天对现场的情况进行介绍:"这一个多小时简直是令人非常非常地激动、紧张,又非常非常珍贵。我们现在是在'探索二号'的'沧海号'着陆器的控制室。

---

① 鲁超:《浅析出镜记者与角色定位》,《今传媒》(学术版)2013年第4期。

大家可以看到,现在控制室里面灯光已经全部调暗了,而且我们船上几乎所有的科学家、工程师都聚到这里,齐聚一堂,我们现在要见证一个历史性的时刻……"最后在演播室,主持人对被请到现场的中国"奋斗者"号载人潜水器的副总设计师李艳青进行采访,并在采访结束后再次连线正在"探索一号"上进行直播报道的总台央视记者丛威娜。丛威娜在现场对"奋斗者"号副总设计师胡震进行了采访。在这则电视新闻报道中,主持人在演播室多次与现场的直播记者进行连线,让坐在电视机前的观众们可以不动一步就能实现地点的多次转换。出镜记者和演播室的配合使这则报道内容丰富、现场感更强。这次直播既是"沧海号"首次通过电视直播镜头报道"奋斗者"号探底万米洋底的历史性时刻,也是人类首次实现万米深海视频直播。

二、电视记者出镜采访的行为类型

电视记者出镜采访的行为类型可以分为两种:言语行为(speech act)和非言语行为(nonverbal behavior)。

(一)电视记者出镜采访的言语行为

人类使用的语言总体上可以分为书面语言和口头语言,电视出镜记者一般使用的是口头语言,这又被称为电视口头语言。电视出镜记者面对摄像头要在短时间内条理清晰地将新闻事实传达给大众,这对他们的语言组织能力、表达能力提出了很高的要求。在电视直播这个特殊的语境下,电视语言也呈现一些区别于其他语言的特点。电视口头语言基于新闻采访与报道的特殊要求,体现出综合性的特点,具有强烈的人际交流色彩。一方面表现为镜头内记者与受访者的交流,另一方面也表现为电视记者与观众的交流。电视口头语言按时间顺序出现,具有承上启下、相互激发、不断递进的作用。

没有规矩不成方圆,这一点对电视记者的出镜言语行为也是适用的。唯有对电视记者的出镜言语行为作出明确的要求和规范,才能让出镜记者准确地把握在镜头前该怎么表达。

1. 电视出镜语言要口语化

电视出镜记者在新闻现场直接为观众发回现场报道,他们所面对的受众的年龄、学历、生活经验都是未知的。为了尽可能地让更多的观众能够看得明白、听得懂,发挥新闻记者为观众报道新闻的职责,出镜记者使用的语言就要做到口语化。

口语化意味着出镜记者使用的语言要有对象感,面对镜头讲话的时候就像面对着一个鲜活的受众一样去沟通。口语化还意味着出镜记者要调动全身的感官参与口头语言的表达,眼神、手势、表情都是口语化中重要的组成部分。

2. 电视出镜语言要通俗化

通俗化强调的是出镜记者使用的口头语言要"接地气",不能在面对着镜头发言时"掉包袱"、强行"诗词歌赋"。让观众能够听得懂是出镜记者讲话最基本的要求。

3. 电视出镜语言要形象化

形象化能够让电视出镜记者的表达更易为大众所接受,也更能在较短的时间内将新闻事实阐述得容易理解和记忆。①

华为作为中国企业的代表,随着中国的改革开放走出了国门、走向了世界。在全世界占据越来越高的手机份额的同时,华为也在遭受着西方世界不断施压的考验。尽管华为作为一个品牌在全世界愈来愈知名,它的创始人兼CEO却很少在镜头前露面。2019年1月17日,中央广播电视总台央视《面对面》栏目在深圳市华为总部对任正非进行了独家专访,这是任正非首次接受国内电视媒体的专访。中央广播电视总台对此次采访非常重视,《任正非:时下的华为》的电视访谈节目在第三十届中国新闻奖中也获得了一等奖。作为一个电视访谈节目,出镜记者董倩与节目的成功有着密不可分的关系。采访之前,华为方面出于自身考虑,只提供15分钟的专访时间。出镜记者董倩凭借她丰富的采访经验和精心准备实现了有效采访25分钟。在这25分钟内,董倩用语通俗、发问单刀直入、切中要害,与嘉宾任正非形成了良好的沟通和互动。面对任正非提到的教育现象和问题,董倩频频点头表示认可;面对任正非提到的企业发展问题,董倩及时展开追问。这些看似随意的言语行为和非言语行为的有机组合让董倩与任正非之间的问答既精彩又通俗。这期节目兼具时效性、权威性、重大性、思想性,充分呈现了电视访谈节目的魅力所在。华为方面也认为"这是华为三十多年发展史上对任总最有高度、最有力度、最有温

---

① 范鑫爽:《电视出镜记者的出镜语言组织策略》,《新闻传播》2014年第11期。

度的报道"。

(二)电视记者出镜采访的非言语行为

信息的传播并不仅仅只有语言这一种方式,眼神、动作、照片、图案等等,都可以传递信息。电视记者在出镜采访时也并不仅仅只有通过言语才可以向观众传达信息,因此就分出了非言语行为这一大类来囊括言语之外的表达。

一些传播学家认为所有可见的举止都是传播,生活中没有一个言辞、姿态是没有意义的。例如,个人呈现出来的发型、服饰风格、妆容等等,都在传播着个人的着装理念和时尚观点。

电视出镜记者在镜头前的非言语行为大概被区分为以下 2 类。

1. 电视记者的整体外表

一个人的外表如何会给人留下第一印象。这一点在电视出镜记者身上也同样适用。电视是一个相当敏感的东西,记者的动作、眼神等都能透露出很多秘密。处在新闻现场的记者不仅需要良好的语言组织,还需要给人们留下好的印象。出镜记者要尽可能避免自己的不良习惯出现在屏幕中,而且要对自己的着装加以注意。

外表指的是出镜记者所呈现出来的所有物质的部分,记者可以在出镜前就进行控制的包括头发、服饰、妆容等等,而不可控的则有容貌、体重、身高等等。电视出镜记者的着装并不是一成不变的,也没有万金油式、用之四海皆准的搭配公式。出镜记者应该根据采访环境的变化来确定自己的着装,使自己的仪态能够与新闻报道的环境相吻合,以满足场景的需要。

2. 电视出镜记者的体态语

体态语,顾名思义,指的是一个人的体态所传达的内容。体态语包括面部表情和身体动作。电视出镜记者在镜头前的每一秒都在向观众展示他们的体态,为了维持良好的体态形象,出镜记者丝毫都不能够掉以轻心。体态语总体可以分为以下 4 类。

(1) 表情语。表情语主要指的是电视出镜记者的面部表情,通过其面部表情的变换来传递信息。电视出镜记者的高兴、悲痛、兴奋等都能够通过表情毫无阻隔地向观众表达他们的感受,从而轻易地引起观众的共鸣。

(2) 身体动作。身体动作又被细分为首语、手势语、体姿语。

首语是通过头部活动所传递的信息,常见的有点头和摇头。例如,大多数的国家和地区点头都表示"是",摇头则反之。手势语则是通过手部姿势所传达的信息。例如,在中国竖起大拇指就是表示"夸赞",而在欧美国家就表示"搭车"的意思。体姿语则是人体的各种姿态所传递的信息。例如,单是一个坐姿的变化就能传递大相径庭的信息:手臂环抱在胸前的正襟危坐传达的是本人对当前情况的戒备心理,而往后靠坐在椅子上这样更为松弛的姿态传递的则是本人更为放松的心理。

中央电视台记者赵微曾说过:"声色俱厉并不代表你就是强者。能够从容不迫地,用看似平常的提问,收到一针见血的效果,是我比较欣赏的境界。"①电视出镜记者的一言一行都被镜头记录,对自身的身体动作也要留心。

(3) 类语言。类语言指的是跟随着语言变化而发生的声学行为,包括音调、音色、音量、重音、口音、节奏、速度、停顿等等。② 电视出镜记者在镜头前发言时的这些细微声学行为变化都会被镜头诚实地转播出来,要想准确地传达自己的意思,不可以不重视对类语言的把控。

(4) 界域。界域存在论(the methods of existed plane)是美国哲学家 S. A. 萨尔瓦多(S. A. Salvador)于 1985 年提出的一项理论,用于解决空间与时间、虚与实、真与假(悖论)等著名哲学疑难问题。这项理论指出:"整个存在的物质与非物质中,有不同的存在方式。这些不同决定了它们不可能与以其他方式存在的物质与非物质发生接触。于是,我依此把这些不同存在方式称作不同的界域。"③

对应到电视出镜记者身上,他们的界域则指的是在出镜进行采访的时候与被采访对象之间的距离和自我空间的调整。美国人类文化学者爱德华(Edward Twitchell Hall Jr.)提出了"相互作用的距离"的概念,他把口语交流中的相互作用的范围分为四个区域:亲密区、个人区、社交区、公众区。亲密区一般存在于关系最亲密的人之间,这时候他们之间的距离是 0 到 15 厘米。个人区存在于一般熟人之间,这时候他们之间的距离为 45 到 75 厘米。社交

---

① 赵微:《于平淡中显锋芒》,《电视研究》1997 年第 1 期。
② 谢越青:《电视记者的非语言传播行为探析》,《现代传播》1991 年第 4 期。
③ 百度百科:个人界域,https://baike.baidu.com/item/个人界域/8350963?fr=aladdin。

区一般存在于相识但又不熟的人之间,这时候他们之间的距离为 120 到 210 厘米。公众区包括所有公开的演讲、表情等公共活动,距离为 350 到 750 厘米。①

电视出镜记者需要与被采访对象保持一定的距离,以免给被采访者造成压迫和咄咄逼人之感,但又不能距离被采访对象太远,以防给人不尊重的感觉。大多数电视出镜记者与被采访者之间的合适采访距离在个人区,能够将亲近和正式合二为一。每一次记者的出镜都离不开言语行为和非言语行为的呈现,记者即使在镜头中不发一语也仍然向我们传递着信息。

在电视访谈节目《任正非:时下的华为》中,出镜记者董倩大方的着装、沉稳的表达、真诚的眼神,甚至是微微倾向采访对象任正非的体态,都是这次成功电视访谈不可或缺的一部分。在专访时间结束后,董倩并没有立马停止采访,而是跟随着任正非一起步入中外媒体见面的会场。在这个过程中,董倩继续对任正非见缝插针地进行发问。董倩这样"紧追不舍"的行为既传达了对此次采访的重视,又体现了她对采访机会和时间的充分把握。同时,在这次的采访中,以跟随任正非步入中外媒体见面会场的画面作为节目的结尾,能够让观众感到印象深刻、意犹未尽。

第三节 记者现场介入方式和技巧

记者在新闻现场进行报道活动,记者本人和镜头都会对新闻现场产生介入。不同的介入方式有不同的优缺点,只有根据采访现场情况选择与采访目的、采访形式相匹配的介入方式才能够取得更好的采访效果。

一、电视记者现场存在的两种方式

(一)现场观察

电视记者的现场观察是在用眼睛进行采访、采集素材、发现表面现象下所反映的本质问题。观察是记者发掘动人新闻素材必不可少的途径,只有足够

---

① 朱羽君:《电视采访学》,中国人民大学出版社 1999 年版,第 117 页。

敏锐的记者才能在观察中发现那些一闪而过的新闻线索,进而报道出震撼人心的新闻内容。

影响记者现场观察的因素有以下3项。

(1)现场情况的随机性。电视出镜记者的每一次入镜都是即时即刻转播给观众的,这意味着现场出现什么新情况都是没法预料也不能提前进行准备的。这要求记者有非常快速的临场反应能力,能敏锐地在瞬息万变的报道现场中发现问题、追溯问题。

(2)惯性视角的影响。惯性思维会带来惯性的观察视角,当人局限于惯性思维中时就往往会出现一叶障目的现象。唯有在日常生活中注意锻炼自己的逆向思维、从别出心裁的角度去思考问题,才能在新闻报道的现场尽可能地摆脱惯性视角的影响。

(3)世俗评判标准的影响。过往的生活、学习、采访经历构成了电视记者的认知结构,观察什么、怎么去观察都会受到已有认知的影响。世俗的评判标准在观察时也会影响电视记者选择观察的对象、观察的事物、观察的重点等等。

电视记者来到新闻采访的现场,瞬间涌入眼前的事物繁多,尤其是参与重大的新闻报道,成千上万人就为一个活动服务。目光放在哪里、第一时间去看什么就显得尤为重要了。这能够帮助电视记者快速抓住活动的重点和主心骨,从而避免被相对不那么重要的事件分走注意力。

电视记者来到现场后第一件要做的事就是对现场的人物进行选择,新闻的时效性决定了电视记者必须在短时间内就把最新鲜、最重要、价值含量最高的信息传达出去。这要求电视记者必须首先对现场的人物进行筛选,找出本次活动的典型人物。

在找典型人物时,电视记者可以问自己这几个问题:本次新闻事件的主人公是谁?本次新闻事件的目击者是谁?本次新闻事件中谁最具有新闻价值?本次新闻事件谁对全场最有话语权?

唯有快速地在新闻现场分清人物的主次和重要程度,才能及时观察他们的言行,从而尽可能避免错失采访的良机。不过要做出优秀的新闻报道,并不是只将眼睛盯住重要人物就可以的。做有温度的新闻更要求电视记者能够从小事出发、从小人物出发、从小突破点出发,发现人类共有的情感共鸣。

在文振效的文章《小记者也能采访好大人物——看地方媒体记者如何采访好重要人物活动》中,他就强调了记者在新闻现场的观察作用。文振效本人做了 30 多年的记者,采访党和国家领导人及外国元首近百人次,对于如何做好新闻现场的采访很有心得。2002 年,他接到通知,有一位国家领导人要去宜昌调研,于是便赶往机场进行采访。然而,当首长走下飞机舷梯时,他才得知采访对象是谁。每一次重要领导人物的活动采访,事前一般不会告知具体对象。由此,他提到要"牢牢盯住领导与老百姓、英雄模范人物交流过程中,所表露出的那种喜怒哀乐的瞬间。同时还需具有临场发挥、快速反应的能力,这样才能胸有成竹地展开工作"[1],还要"眼观六路耳听八方,力戒捕风捉影。在拍摄领导人新闻照片的同时,还要做好文字记录,视察活动涉及的人物姓名、时间、地点、背景等相关素材,随时随地详细实录下来。首长的讲话尽量要有录音,如果备有文字材料和讲稿,也要与录音核对吻合,以备文字新闻稿和图片说明参考选用,文稿所选用的素材,以领导亲口讲述过的为准。精心观察理解首长视察现场时所谈论的中心议题,座谈讲话中反复强调的重要观点,多次提及的典型人物和事例,地方领导汇报情况时反映的重要问题"。[2]

(二)现场参与

电视记者的参与强调的是现场参与,也就是说电视记者在新闻采访的现场除了用眼睛去观察、用心去感受,还要落到实际行动中去参与。在新闻采访的现场,一切有价值的信息都要以人参与为前提来进行记录、报道。

在电视新闻报道中,电视记者的参与方式主要有两种:心理参与和行动参与。

心理参与意味着电视记者要将自己设身处地放到当前的新闻环境中去,从心理上认同、接受自己来参与这个新闻事件,用丰富的同理心代入采访各方而不能有高高在上的心理姿态。唯有电视记者在心理上参与了,他们做出的报道才可能是有温度的,而不只是冷冰冰的资料和数据的堆砌。

行动参与并不意味着电视记者就要越俎代庖去做采访对象在做的事,这

---

[1] 文振效:《小记者也能采访好大人物——看地方媒体记者如何采访好重要人物活动》,《中国地市报人》2014 年第 7 期。
[2] 同上。

不免有喧宾夺主之嫌。行动参与是多方面的,电视记者在出镜时的所有行动都能算行动参与的一部分。更为重要的是,电视记者要用自己的提问、动作、眼神等来激发被采访者。电视记者合适的行动参与能让节目拥有更好的互动性。

在文振效的文章《小记者也能采访好大人物——看地方媒体记者如何采访好重要人物活动》中,他也分享了自己在新闻现场活动是如何参与的。他写道:有幸采访党和国家领导人,既是幸运也是考验。国家领导人结束在一个地方的视察调研之后,不可以抢先发稿,什么时候见报要听从市委统一安排。在随同采访过程中,不该知道的不要问,不宜公开宣传报道的绝对不能报道,必须管好自己的手,封住自己的口,包括首长视察活动中的行程安排和去向都得严格保密。仪表端庄,低调谨慎。地市报记者算是一个地方公众人物,走出去不仅仅代表记者本人,而且代表媒体的整体形象。在未得到相关人员许可的前提下,不可贸然靠近或要求与首长合影。领导座谈听汇报,不同于新闻发布会和记者招待会,没有给记者提问或发言的机会,绝对不可随意插话。而且一举一动都要小心翼翼,更不要谈笑风生,大声喧哗,始终保持严肃庄重的气氛。绝对不能因记者的粗鲁行动,给视察活动带来丝毫干扰。[①]

面对重要人物的采访,现场往往有着庄重的气氛。如何在获取信息、呈现精彩的新闻报道与遵守现场的秩序、采访规定时间内取得平衡,这是文振效通过丰富的采访积累所掌握的新闻技能。但新闻采访的现场并不是只有庄严肃穆这一种气氛,有的活泼、有的紧张,记者在新闻活动的现场要根据现场的氛围、事件的发展随机应变才能够做出符合场景的行为,做到有效的现场参与。

二、电视记者的镜头存在方式

在新闻报道的现场,摄像机一刻都没有停止工作,但在电视机前观看节目的观众很多时候并不会意识到它的存在。摄像头是否入镜,甚至电视记者是否入镜都取决于不同的采访安排。电视记者的镜头存在方式指的不是电视记

[①] 文振效:《小记者也能采访好大人物——看地方媒体记者如何采访好重要人物活动》,《中国地市报人》2014年第7期。

者与镜头的关系,而是电视记者与被拍摄的人之间的关系。这两者之间的关系也依据不同的采访安排呈现不同的形式。

一般将电视记者的镜头存在方式分为三种:旁观式、声音参与式、出镜参与式。①

(一)旁观式

在进行电视新闻报道的时候,镜头中不出现摄制组成员的声音和形象,镜头就像一个在旁边观看事实发生、倾听采访者讲话的旁观者,这就是旁观式。旁观式尽可能地抹去节目组存在的痕迹,让报道的新闻事实更具有天然、无"采访加工"的感觉。这种形式在纪录片中非常常见。无处不在的摄像头从各个角度展现主人公的生活,而摄像头的存在却无从在屏幕中找寻。

旁观式的镜头存在方式有独特的优点。这种方式使镜头、电视记者、节目组其他人员对采访对象的干预都很少,更能够在镜头前呈现真实的采访现场。同时,没有电视记者出现,观众能够将更多的注意力放在采访对象身上。

在电视消息《习近平出席庆祝人民海军成立70周年海上阅兵活动》中,电视记者存在的方式就是旁观式。本次活动规模空前,为了能够让电视新闻的画面呈现出震撼、精彩的效果,中央电视台的采编团队做了很多努力。要在没有信号、天气多变的大海上进行电视新闻信息的采集和传输,困难程度史无前例:在检阅舰多个位置架设近10台摄像机及高倍陀螺仪;同时,又在各个受阅舰上布设近20台机位,在直升机和潜艇上安装近15台特种摄像机;除此之外,中央电视台专门出动两架直升机搭载高倍陀螺仪在空中对海上阅兵进行航拍。陆海空全方位对此次活动进行报道,这些画面通过多架微波设备在一定的范围内实时传送回检阅舰,保证了新闻画面的丰富性和时效性,大量大场景、航拍镜头让人热血沸腾。② 旁观式的镜头存在方式充分展现了习近平总书记在活动现场的精彩瞬间,体现了习近平总书记对人民海军的巨大关切,是军事新闻的经典报道。

---

① 朱羽君:《电视采访学》,中国人民大学出版社1999年版,第23页。
② 《习近平出席庆祝人民海军成立70周年海上阅兵活动》(2020年10月14日),中国记协网,http://www.zgjx.cn/2020-10/14/c_139436534.htm,最后浏览日期:2021年12月29日。

（二）声音参与式

如果在电视新闻报道中，我们只听到了电视记者的声音，而没有见到他们出现，那么这就是声音参与式。在声音参与式中，电视记者始终将自己的形象藏在摄像头后，在电视播放的节目里只通过声音来与被采访者进行交流、沟通。

声音参与式与旁观式一样都没有电视记者的个人形象出现，能够最大化地保持被采访者的主体地位。相较于旁观式，声音参与式能够让电视记者的声音参与新闻采访，发挥引导进程、激发采访者互动的作用。不过声音参与式这种"只闻其声，不见其人"的方式有时也会勾起观众对提问者的好奇，而不能很好地满足观众对节目的期待。

（三）出镜参与式

这种方式正如字面意思，电视记者在进行新闻采访的时候，声音和个人形象都会出现在镜头中。这种参与方式形成的采访也被称为"出镜采访"。出镜采访在新闻采访中非常常见，这得益于出镜采访多样的优势。

电视记者在新闻采访时出镜最显著的优势就是告诉观众他在现场，他播报的新闻事实都是此时此刻真实发生的。这样不仅能够增强新闻报道的真实性，还能够拉近节目与观众之间的距离，给节目增加亲和力。

施拉姆提到："在面对面交流的情况下，有可能刺激所有的感官并使交流的对方同这种全身心的交流相呼应。"这正体现了记者出镜的另一个优势——电视记者作为鲜活的人出现在电视中，让新闻的观看变成了另一种"面对面"的交流。

在第三十届中国新闻奖中获得三等奖的电视消息《火情危急！19岁小伙用吊车救出14人》中，电视记者的参与方式就是出镜参与。2019年5月2日早上6点多，抚顺市南杂木镇一居民楼发生火灾，记者得知消息后第一时间赶往了现场。在电视新闻报道中，记者李慕寒来到起火居民楼前进行报道。记者本人现场出镜，背后就是已经烧得焦黑的居民楼，给人强烈的视觉冲击和现场感。这篇报道是在媒体融合的背景下完成的。新闻报道呈现的关键画面信息来源于周围居民及时用手机拍摄的现场起火视频。这些信息的获取离不开记者在现场与附近居民的沟通和资料的搜集。不仅如此，出镜记者李慕寒还在现场通过采访挖掘到了故事：原来其中一名居民获救后才发现救人的"吊车少年"兰郡泽曾是他教过的学生。记者的出镜参与和现场信息的收集、整合让整场报道节奏紧凑，十分具有临场感。

思考题

1. 谈一谈你对出镜记者的认识和理解。
2. 电视记者镜头存在的方式是指什么？
3. 旁观式、声音参与式、出镜采访式各有什么优缺点？
4. 电视出镜语言有什么具体要求？
5. 什么是电视记者出镜采访的非语言行为？它是如何影响采访与报道的？
6. 影响电视记者现场观察的因素有哪些？
7. 电视记者观察要做的第一件事是什么？
8. 电视记者的现场参与有哪两种方式？

第六章 电视采访的现场取材

电视新闻采访大多数时候都需要记者有高度的随机应变能力,能够在新闻现场找到新闻报道的重点、抓取到新闻报道的素材,从而能在短时间内,甚至是同步直播时,将最新鲜、最生动、最重要、最及时、最与人民群众息息相关的信息传达出去。只有准确把握新闻现场的定义,掌握新闻现场所应当取材的画面、声音,才能够不错过良机,及时、精准地在电视采访现场取材。

第一节 电视新闻采访的现场取材

新闻现场指的是新闻事件发生的真实时间和真实空间。这是现场新闻报道中必备的一个要素。在新闻现场进行取材既要了解新闻现场的含义,也要了解电视新闻采访现场所具有的特征,从而更好地面对新闻现场取材可能遇到的问题和机遇。

一、新闻现场的含义

现场报道是电视新闻中最具有表现力和传媒特性的报道方式之一。现场报道是电视记者在新闻事件现场,面向摄像机(观众),以采访记者、目击者或参与者身份作出图像的报道。[①] 电视的记录功能,使得其可以更加直观形象地向观众展示现场状况,让报道具有真实感和参与感。

电视采访的现场有两种不同的情况:新闻事件正在发生的地方、记者出现采访的现场。

---

① 叶子、叶凤英:《电视新闻:与事件同步》,北京师范大学出版社 2007 年版,第 23 页。

新闻事件正在发生的地方很好理解,这也是大多数电视记者"直击现场"的含义,即电视记者到新闻事件正在发生的第一现场,在现场进行采访、报道。常见的有庆典现场、救援现场、受灾现场等等。

记者出现采访而形成的现场离不开摄像机的存在,正是因为记者的出现和摄像机的到位,现场才被赋予了新闻价值和现实意义。新闻现场是新闻报道中不可或缺的一部分,新闻现场打破了时空和地域的阻隔,让新闻事实能够在几毫秒内就传播到大江南北。新闻现场既报道了现场的真实又呈现了历史的真实,许多新闻现场都成为珍贵的历史记录。这也对电视记者记录现场提出了更高的要求,他们不得不同时也承担着记录历史的使命。

由于新闻现场是动态的,发生的事件、人物表情、人物语言全都是稍纵即逝的,而新闻现场的采访、报道全都取材于现场,这就对现场报道提出了更高的要求。本·克莱门茨(Clements John)认为现场有时只存在片刻,稍纵即逝且有时候藏在非常普通的外表之下,难以被发现。这既表明了现场事物是以时间为顺序存在的,也说明了发掘新闻现场的新闻点是需要慧眼的。现场报道的另一挑战源于新闻现场是不断发展的,从概率上说任何事情都有发生的可能,即便新闻采访有提前规划的部分,例如采访大纲、采访流程等等,采访者如何反应、作何回答、现场有什么突发情况等等,这些依然是非常不可控的。新闻现场的人、事、物会如何发展都是难以预料的。这就需要电视记者有更优秀的控场和临场反应能力。

基于新闻现场的动态性特征,记者要把握相应的选择性,即体现新闻价值。每一天,世界各地都有无数的事情在发生,然而,只有极小的一部分成为新闻。在新闻里,又只有更小的一部分拥有新闻现场。毫无疑问,从新闻的采访、制作到播出的各个阶段,都是充满了人为选择的。播什么既受到新闻价值选择的制约,也受到社会价值观的制约,还跟新闻栏目组织架构、新闻记者个人偏好、新闻制作技术限制等等都有关系。在新闻采访的现场,各种信息都会涌到电视记者的面前,快速地对信息进行筛选、回应,是电视记者必不可少的职业素养。

二、电视采访现场的特征

电视新闻传播严格的现场特性,使其新闻价值判断与事件现场的结合更为紧密。① 换言之,新闻记者要想对电视新闻的价值作出准确判断,在电视新闻的生产中作出准确决策,首先需要深入理解电视采访现场的三个重要特征。

(一)稍纵即逝,不可逆转

电视采访现场是稍纵即逝的,在时间维度上体现出不可逆转的特性。具体来看,无论是突发交通事故、飞机轮船失事,还是有计划的核试验、火箭发射等,都是如此。这些新闻事件的发生现场与电影片场不同,想让事件再次发生,通过镜头补拍是不可能的,也不符合新闻真实性的原则。这就对现场报道的记者抓住稍纵即逝的机会完成报道素材的采集,提出了较高要求。

电视新闻的媒介形态——视频,也与这种特性相互适应。因此,现场报道的视频呈现多采取主观目击式的视角,伴随着时间轴的流动,线性记录事件发展的片段或全过程,为观众带来强烈的临场感。

(二)瞬息万变,不断发展

新闻采访现场还体现出瞬息万变的特征。这是由新闻事件的特点决定的,现场报道的新闻事件多具有强烈的动态性,其本身就在不断地发展,产生新的变化。而一些突发事件,更是在发展进程中体现出不可预知的特性。在地震、洪水、泥石流等灾害现场,随时有可能发生次生灾害,救援状况也会随时有新的进展,这就要求记者实时跟进以作记录。

在2015年8月12日晚,天津港"8·12"特别重大火灾爆炸事故发生后,面对瞬息万变的事故现场,中央电视台第一时间启动了应急报道机制,进行电视和新闻客户端双屏同步报道,多次进行连线报道,及时播发最新救援进展和多方驰援救治伤员情况。

新闻采访现场的不可预知性虽然为采访和拍摄带来了一定难度,但在可能的条件下,现场记者也可以在采访报道中充分利用这一特性,引发电视观众的关注,使其产生跟随镜头对新闻事件一探究竟的想法。

---

① 陆晔:《对电视新闻价值实现的再认识》,《新闻与传播研究》1996年第1期。

(三)现场信息的全方位性以及记录现场的选择性

电视采访现场中的信息是全方位的,呈现出信息场的性质。信息场的概念是由美国华盛顿大学信息学院的教授凯伦·费舍尔(Karen Fisher)在1999年进行的一项关于社区诊所中信息流动问题的研究中提出的。信息场具有人、场所、信息的三元特征,由多种子环境因素构成。[①] 在新闻采访现场的语境中,子环境因素包括环境、人物、事件、情节、细节、心态、氛围等,共同构成了电视采访现场的信息场。在信息场中,事件的变动和人、物之间的交互会产生大量的信息。在面对新闻现场数量庞大的各类信息时,现场记者能够付出的精力和摄像机捕捉的画面是有限的。因此,新闻采集人员需要对各类信息进行有选择的加工,在此基础上形成主题鲜明的现场报道,通过电视等媒介进行传播,满足观众获知信息的需求。

第二节 电视采访现场取材的主要内容

电视采访是以现场为核心的纪实,这意味着报道的主体素材必须在现场完成采集,以完整记录图像和声音等信息。在事件发生发展的过程中,(记者)依据新闻价值判别、取舍的同时,采访、摄影均在同步进行。[②] 采集环节如有疏漏,很难进行事后补救,这就要求拍摄者对于素材采集全流程要有充分的把握。素材的采集流程主要包括:记录画面、记录声音、采集理性素材、记录过程等。

一、记录画面

(一)画面的景别

景别,是指被摄体在画面中所呈现出的范围大小的区别,这是由于摄像机与被摄体的距离不同而产生的。景别是电视图像的基本属性,在电视采访的画面记录中具有重要作用。不同的景别可以表现和强调物质世界在不同范围

[①] 赵俊玲、周旭:《信息行为研究中信息场理论发展评析》,《情报科学》2015年第4期。
[②] 陆晔:《对电视新闻价值实现的再认识》,《新闻与传播研究》1996年第1期。

内的存在、运动形式及其特征,从而在电视新闻的画面呈现中表达特定的意义。

电视新闻的景别,依据被摄体在画面中所呈现出的范围来划分,一般可以分为:远景(包含大远景)、全景、中景、近景、特写(包含大特写)等。①

远景用于表现人物全身和人物周围广阔的空间、环境、自然或大型活动的场面。此外,也有人将广阔的场面、自然风光和大范围背景称作大远景,与一般的远景区别开来。

全景能够表现人物及其周围环境的全貌,或表现一定范围内的自然景观。其效果类似于剧场内舞台框的效果,具有单元空间范围内的完整性。

中景是画面中表现人物的膝关节以上范围的景别。中景能够给予人物一定程度上自由活动的空间,以展示人物与场景的关系,是电视新闻拍摄较为常用的景别。

近景是表现人物胸部以上范围的景别。与其他景别相比,近景可以清晰捕捉人物的表情,揭示人物内心活动,使其与电视观众产生交流感。

特写是表现人物双肩以上的头、面部,或者在画面中只突出某件物品的景别。在整个画面中只表现拍摄对象的局部细节时,也称作大特写,与一般特写相区别。在拍摄中,特写能够从细节中揭示被摄对象的特征及本质,具有独特的审美价值与信息传递价值。

中央电视台《新春走基层》系列报道《一路回家》是巧妙使用景别的经典案例。在《心之所属 家的方向》这篇报道中,观众可以看到老人手里的苹果、妇女怀中酣睡的婴儿、老夫妻口袋中的馒头……摄影记者很好地运用了特写,将镜头对准返乡旅客的种种细节,揭示其身份和经历,做到了以情动人。报道的1分08秒处,记者将镜头转向一双破旧的皮鞋进行特写。破旧皮鞋的主人在做皮鞋生意,却顾不上为自己置办新鞋。"忙着挣钱,都是为了孩子",声画配合的短短数秒间,记者通过特写细节展现人物勤劳、顾家的特点,增强了感染力,凸显了"心之所属,家的方向"的新闻主题。

就电视镜头而言,其不同景别之间并不是孤立和割裂的,拍摄者需要抓住现场和报道对象的特征,充分发挥"眼力"与"脑力",灵活选择合适的景别加以

---

① 吴信训:《新编广播电视新闻学》,复旦大学出版社2018年版,第196页。

组合。此外，现场报道瞬息万变的特征对电视镜头的拍摄提出了高度灵活性的要求，面对一些不断移动变换的拍摄对象，需要拍摄者使用推、拉、摇、移、跟（镜头）等技巧，在运动中使画面维持平衡和稳定的状态。

（二）画面的构图

电视的构图是指电视画面内容的结构形式。人眼观看外界景物时，其范围是没有明显边界的开阔场景，但在现场报道中，摄像机的拍摄是有范围的。如何在 4∶3 或 16∶9 的长方形画框中呈现符合美学原则的画面，使观众具有良好的观看体验，一般有以下 3 点需要注意。

1. 突出主体

摄像构图的最主要目的就是将主要形象凸显出来。因此，在开始摄影构图之前，厘清现场人和物的主次关系就十分重要。依据人眼的视觉习惯，拍摄中往往将主要内容放置在最显眼的位置，在镜头中给予大面积呈现，从而突出现场报道的主题。与此同时，拍摄者也要注意揭示拍摄对象与环境之间的关系，表现其实际存在于现场的状态，以增强报道的真实感。

2. 动静结合

静态的固定构图具有稳定性，符合人们日常生活中停留细看的视觉习惯，可以带来较为舒适的感受，在电视报道中最为常用。固定构图可用于传递信息、表现静态的人物和景物，在特定情况下也用于强化运动主体的动感。由于具有视点的稳定性，固定构图还为摄像人员充分发挥造型能力创造了有利条件。但固定构图也有视点单一、视角狭窄等限制，很难完成对运动主体、开阔场景、纵深场景等拍摄对象的完整记录。

相对地，运动镜头能够形成多景别、多角度、多层次、多构图的运动画面，使观众可以多角度地感受被摄主体连续不断的运动，更加逼真和接近生活，是对静态构图很好的补充。相应地，运动镜头也对拍摄者的技巧提出了更高的要求，拍摄者要在日常拍摄中不断练习以熟练掌握。

固定镜头和运动镜头在面对不同的拍摄对象时，各有其优势和不足之处。拍摄者需要根据新闻主题的需要与新闻现场的实际情况进行选择和组合，以丰富电视报道的画面。

3. 整体协调

一般来说，单独的一幅绘画、摄影作品可以表现一个完整的主题，体现在构图上，就是强调各个视觉要素的均衡、完整和统一。类似地，电视摄影的构图也需要合理安排色彩、线条和造型等元素，达成单个镜头的协调。

不同的是，电视摄影具有强烈的纪实性，强调以段落为单位完成信息的传递，其构图更注重连续性和整体性。电视摄影某些单独镜头的构图，或许不符合基本美学原则，然而，将其与邻近镜头画面连接起来形成完整片段，它就会变得有记录价值和审美价值。也就是说，电视画面构图更加强调片段的整体协调。

宁夏卫视频道《宁夏新闻联播》的一则消息《贺兰山生态环境整治后 大批野生动物重回家园》，在摄影中注重了景别、构图等要素的组合，并且较为恰当地运用了运动镜头，体现了电视摄影为新闻报道主题服务的要求。这则电视消息获得了第三十届中国新闻奖一等奖。这则报道中拍摄野生动物的数个镜头，均采用了全景推向近景的方式，随后切换到跟镜头的运动状态：跟随被摄对象——野生动物进行拍摄。例如，43秒开始的镜头，画面随着记者手指的方向上摇，接着是从山坡的全景开始的推镜头，将山坡上的岩羊作为主体进行构图，随之进入跟镜头的状态，用近景记录岩羊的活动。2分38秒开始的镜头也是一样，由山坡远景推向马鹿的近景，第一时间获取了马鹿的近景画面。

该新闻片段较为生动地再现了记者发现野生动物的过程，形成了野生动物生存状态的真实记录，符合观众的观察习惯和思维逻辑，能够抓住观众的视线，具有很好的纪实性和趣味性。其中，拍摄从全景推入近景的过程，能够明确地体现环境要素与被摄对象之间的关系，即野生动物在修复整治后的矿区中的自然活动。该新闻紧扣人与自然和谐共生的新闻主题，展现了当地生态环境治理的成果，说服力、感染力强。

（三）摄像的要领

1. 画面的稳定

在一般情况下，只有保持画面稳定、水平，才能正确再现被摄对象的客观状态。摄像姿势的正确与否，将直接影响画面的质量与效果。作为摄像师，首先应学会正确的摄像姿势，并反复练习，使之成为下意识的动作。此外，应善于利用三脚架、稳定器等设备保持摄像机在拍摄状态中的稳定。摄像机的摇晃会带来画面的抖动，从而影响观众正常观看图像、获取信息。因此，电视报道的摄像师需要在不同的拍摄环境中，利用建筑、地形、车辆等一切可利用的要素拍出较稳定的画面，以准确记录报道对象。

需要注意的是，电视新闻摄影带有强烈的纪实性。因此，在一些特殊情况下，摄像机的摇晃是可以接受的，如受现场不可抗力（事故、战争、灾害等）的影响，或者事发突然拍摄者来不及做好完善的拍摄准备。这时自然形成的画面模糊与抖动反而能够加强电视报道的真实感、临场感。

2. 运动镜头的摄制

电视摄影中的运动镜头能够带来丰富多变的画面，从而起到描述、表现和节奏的作用。一般来讲，镜头运动的基本形式可以分为以下4种。

推拉镜头。指拍摄角度不变，从大景别连续过渡到小景别（推），或者从小景别连续过渡到大景别（拉）。在一般情况下，推拉镜头要求动作保持稳定、匀速。

摇镜头。指摄像机在不移动的前提下，沿垂直轴或水平轴转动，分上下摇和左右摇。摇镜头时需要确定好起幅和落幅，并准确把握"摇"的速度。

移镜头。指摄像机沿一定路线移动并同时进行拍摄。移镜头的要求较高，在实际拍摄中需要滑轨、滑轮或摄影车等专用设备进行配合。

跟镜头。指摄像机跟随运动的被摄对象进行拍摄，摄像机可以运动，也可以保持静止，使用"摇"的方式跟随被摄对象。

在中央电视台2021年9月30日《新闻联播》的新闻《烈士纪念日向人民英雄敬献花篮仪式在京隆重举行》中，运动镜头的使用不仅交代了仪式现场的空间关系，为电视观众带来临场感，还能够表达象征性的内涵，塑造庄严肃穆的氛围，从而凸显缅怀烈士的报道主题。在报道的56秒，镜头在横向移动的同时，从花环向上摇至人民英雄纪念碑，以镜头语言传达出向烈士敬献花篮的寓意，表达了对英烈的深情追思。

3. 用光的艺术

摄像机的工作原理是使光线通过镜头，再由成像装置把光学图像信号转变为电信号进行存储。在整个摄制过程中，光线是极其重要的媒介，摄影也因此被称为"用光的艺术"。摄影大多是在多种光源混合而成的环境光线中进行的。环境光线可以分为自然光和人造光源。

自然光普遍照度较高、光照均匀,但其质地、角度、色温会随着时间、季节、气候等发生变化,不易控制。在自然光下进行拍摄,关键是要掌握自然光的变化规律,因为随时间变化,在不同的光线下拍摄的方法有着很大的不同。在早晨与傍晚时,太阳的角度和散射光都十分适合拍摄,但此时光线条件变化很快,需随时注意监看画面,随着光线色温的变化及时调节设备的白平衡、光圈设置,保持画面光比、色温的平衡。在环境光线不足时,拍摄者需使用 LED 聚光灯,在合适角度形成主光、辅光、轮廓光等,以突出拍摄对象的整体造型。

人造光源指现场可以人为控制的灯光。在以人造光源为主的拍摄场景中,拍摄者需要随机应变,依据拍摄主题确定画面基调。具体来说,可以利用现有光线营造的气氛,保留对画面效果有益的灯光效果,关闭有损画质的灯光。通过人物光效与现场光效相结合的方式,整体布光。①

具体到时效性较强的电视采访现场,布光无须过分复杂,否则将会改变新闻现场的真实光照状态,也不利于及时有效地采集画面素材。而在时间充足的情况下,摄影记者或灯光师可以依据新闻主题进行一定的布光设计。一般倾向于以现有光照环境为基础,在一定的活动范围内,为出镜的人物进行照明或补光,便于拍摄出曝光合适、主体突出且具有画面美感的电视新闻画面。

(四)融媒体时代的现场拍摄

移动互联网的普及改变了用户获取信息的方式,以微信、微博为代表的社交媒体客观上对电视新闻的地位产生了一定的冲击。对此,主流媒体纷纷尝试转型、融合,推出客户端或者依托现有互联网平台进行新媒体内容生产,形成自有的新媒体矩阵。在新闻生产的组织架构上,"中央厨房"模式的广泛应用也为电视新闻生产带来了重构。在媒体融合的趋势下,电视现场采访被全媒体的"一次采集"所涵盖,这要求摄影师和记者在现场采集素材时,充分考虑移动端传播甚至 VR(Virtual Reality,虚拟现实)、AR(Augmented Reality,增强现实)等表现形式的声画特性和内容需求。

在 2019 年全国两会上,央视网对新技术的使用成为会场报道的一大亮

---

① 贾京亚:《电视新闻节目外景拍摄布光技巧》,《演艺科技》2019 年第 6 期。

点,VR全景新闻技术贯穿两会报道的全程。报道集VR视频、Vlog、VR图集和手绘图解等多种展现形式于一体,让广大受众沉浸式地体验了两会的内容,并站在全景角度感受到了新时代中国的发展与变化。①

近年来,拍摄设备的小型化和智能化,以及无人机等新型拍摄设备的普及,给电视新闻生产带来了新的可能。无人机能够低成本、高机动地实现以往直升机航拍才能达成的效果。一些不具备人员进入条件的新闻现场,也能够用无人机进行取材报道。5G技术(第五代移动通信技术)的应用,更是以高带宽、高速率、低时延、低能耗的特点,助力超高清内容的实时播发。新闻记者掌握多种新型设备的使用,能够大大提升报道的效率和质量。

中央电视台的系列报道《"悬崖村"扶贫纪事》充分发挥了无人机拍摄安全可靠、灵活易操作的特点,全景展示了"悬崖村"的样貌,多角度跟踪拍摄了"悬崖村"孩子上学时攀登的惊、险、难画面,震撼人心。富有冲击力的感性画面与对"行路难"问题的深度挖掘相结合,引起了全国观众的广泛关注,也是对扶贫攻坚一线的鲜活记录。

技术的进步为新闻生产带来了便利,也对记者的全媒体内容生产能力提出了更高的要求——会写、会采、会拍、拥有互联网思维,成为适应融媒体生产的重要素质。此外,随着智能手机的普及和5G技术的应用,短视频和直播的门槛进一步降低,非专业生产者在现场记录中扮演越来越重要的角色。如何第一时间挖掘、整合这些海量的素材,生成专业性强的融媒体报道,也是新闻生产者需要在当下的新闻生产实践中探索的重要课题。

二、记录声音

电视是声画合一的艺术形式。这意味着在画面之外,声音也是电视新闻素材采集的重要对象。

同期声指电视新闻工作者用摄像机拍摄画面时录制的现场声音,是源自电视画面自身形象的客观音响,主要来自人与自然。② 电视新闻离不开声音,而现场报道以现场为核心的特性决定了同期声的独特地位。电视新闻中的同

---

① 张岚:《"浸媒体"时代如何用VR全景"玩转新闻"——以央视新闻客户端〈VR频道〉为例》,《传媒》2019年第13期。
② 张雨雁:《电视现场报道同期声的采制》,《视听纵横》2001年第2期。

期声包括人物的有声语言、人与环境发生碰撞以及自然自身发出的种种声响等,是记者在电视采访现场进行判断、选择和记录的又一重点。

(一)同期声的记录

同期声依据声源和作用的不同,可以分为现场效果同期声和现场采访同期声两种。具体来看,现场效果同期声是指伴随新闻事件发生而同时发出的各种音响,对电视新闻画面内容起补充介绍环境及说明背景特点的辅助作用,可增强电视新闻的现场感,提高真实性,给观众以身临其境的感受。

现场采访同期声则更重视内容的取舍与整段新闻的配合,恰到好处的采访同期声能有效反映新闻主题。因为最关键的新闻信息往往是通过现场人物的语言传达出来的,需要在采访时重点记录。这要求现场记者在采访中用恰当的提问积极引导被采访者,获取相应的声音素材。

同期声的记录离不开专业的录音设备。在现场采访中,一般由摄像师或专门的录音师针对人物所处的环境,选择合适的录音设备(枪式麦克风、领夹式麦克风等)。采访前,录制人员需提前连接好话筒、话筒杆、防风罩、话筒线缆等设备组件,做好前期调试准备工作。录制时,声音信号经过调音台转进到记录设备中,便于进行后期的合成制作。

(二)同期声的意义

同期声是电视画面的组成部分。现实生活中的画面通常都伴随着声音,声画是不可分割的完整体,要完整地记录生活的客观世界不仅仅要记录画面,同时也必须记录声音,只有这样才能真实地反映生活,反映客观真实。

1. 同期声是新闻事实的有机组成部分

新闻现场的同期声往往透露出十分丰富和深刻的新闻信息,具有不可取代的新闻价值。例如,飞机起飞的轰鸣声、灾害来临时的警报声等,能够从听觉上提示电视观众,使其知晓新闻事件的最新进展和新闻现场的真实情况。

中央电视台《新闻联播》的电视消息《习近平出席庆祝人民海军成立70周年海上阅兵活动》,就很好地体现了同期声的作用和价值。

"大海滔滔,铁流滚滚。自1949年4月23日从江苏泰州白马庙启航,人民海军在党的指引下,一路劈波斩浪,逐步发展成为一支能够有效维护国家主权、安全、发展利益的海上武装力量。"①

"受阅舰艇通过检阅舰时,一声长哨,官兵整齐站坡,向习主席致敬。'同志们好!''主席好!''同志们辛苦了!''为人民服务!'军乐作伴,涛声作和,习近平的亲切问候同官兵的铿锵回答相互激荡,统帅和官兵的心紧紧连在一起。"②

现场同期声采集以主席和官兵们的人声为重点,海浪声、汽笛声和检阅时的军乐曲声也贯穿整个新闻片段。同期声在这则消息中充分发挥了传递新闻信息的作用,与画面形成了协调的声画组合,生动地展现了海上阅兵活动的宏大场景。

2. 同期声是现场感的来源之一

新闻现场的同期声还能够带来生动的现场感,使人身临其境。例如,抗洪现场洪水激流拍岸冲刷的声音、体育现场观众的热烈喝彩声等,可以为观众带来沉浸式的体验。

《河南午间报道》的一则电视消息《郑渝高铁郑襄段　郑阜高铁　京港高铁商合段　三条高铁今天同时开通运营》,也是同期声带来现场感的鲜活案例。从第17秒开始的镜头,出镜记者在高铁站台进行现场报道。此时,伴随画面左侧缓缓入站的列车,观众可以清晰地听到站台列车进站的同期声。列车进站的效果同期声为新闻报道带来了较好的现场感,增强了报道的感染力。这则报道也获得了第三十届中国新闻奖二等奖。

3. 同期声也可以成为传达新闻信息的重要元素

由于种种条件的限制,一些新闻现场,记者可能无法顺利摄取画面,但是却能够录制现场声音。例如,对于犯罪窝点的隐性采访、灾难时的实时记录等。这时,同期声也可以超越声画配合的一般形式,独立传达出相关的新闻信息,成为新闻表达的核心元素。

三、采集理性素材

在采访中,现场拍摄的画面多是感性而多义的,不同的观众在解读中会产

---

① 根据中央电视台《新闻联播》的电视消息《习近平出席庆祝人民海军成立70周年海上阅兵活动》整理,http://tv.cctv.com/2019/04/23/VIDExbioDNGQvDRf1f2X2XMg190423.shtml,最后浏览日期:2023年2月20日。

② 同上。

生各式各样的主观感受。与之相对，理性素材属于早先经过理性加工的信息，它们直接以秩序化、组织性的形态存在。例如，图表、账本、书籍、文稿、文件、法律条文等材料，是拍摄中需要着重采集的理性素材。

理性素材可以充当强有力的论据形象，包括法律、法规、行政命令、科研成果及一些直接的实体证据等，能够在新闻信息的传递中发挥巨大作用。理性素材还可以作为批评和揭露的有力证据，如各种违规罚款罚单、发票，各种受贿实物，犯罪工具等。

在以国际追逃追赃故事为主题的五集电视专题片《红色通缉》[1]中，相关案例的讲述都匹配了对应的理性素材。例如，外逃人员伪造的身份证件、海外报纸对于案件的报道等，增强了专题片的客观性和真实感，完整地呈现了中国在海外追逃追赃工作的全景。

此外，理性素材还能够作为表现过去时空的重要资料画面。在一些牵涉历史题材的电视专题片中，原有事件现场已经发生改变，只能够通过文物、档案等画面进行叙述。

中央电视台播出的24集大型文献专题片《我们走在大路上》，通过拍摄、引用历史相关的理性素材，使叙事具有很好的直观性和历史感。据统计，专题片平均每集资料使用片比约为83.13%。[2] 第一集从5分02秒开始的段落，使用了中共一大会址、南昌起义塔、井冈山革命根据地等革命旧址的理性素材画面。这些画面与解说词和资料片相结合，带领观众回溯过去的时空，展示了我国新民主主义革命时期波澜壮阔的革命历程，具有极高的历史价值和现实意义。

总的来说，电视新闻报道中如果只有感性素材，看上去就会言之无物，使人不知所云，无法体现较强的真实感和说服力。反之，如果报道中只有理性素材，过高的信息密度将会降低新闻的可看性，使观众觉得枯燥无味。因此，电视报道的生产要综合利用感性素材和理性素材，让两者发挥合力，尽可能实现感性和理性的平衡，达到良好的传播效果。

---

[1] 《红色通缉》（2020年10月21日），中国记协网，http：//www.zgjx.cn/2020-10/21/c_139450792_3.htm，最后浏览日期：2021年12月29日。

[2] 《电视新闻专题〈我们走在大路上〉第1集》（2020年10月28日），中国记协网，http：//www.zgjx.cn/2020-10/28/c_139473292.htm，最后浏览日期：2021年12月29日。

四、记录过程

过程是指事情发生、发展的真实流程,它是电视报道中情节和故事的载体。现代电视报道逐渐重视对事件中矛盾冲突等故事情节化因素的呈现,记录相对完整的事件过程成为电视采访的一项重要工作内容。[①] 为此,现场报道的记者可以从记录细节和关键环节两方面来入手。

(一)记录过程中的细节

细节是文艺作品中能够对人物、情节、环境起到塑造作用的局部叙述。电视新闻报道中的细节,是指"能够突出现场报道中事件、地点、人物、事件和环境的最小单位"。[②] 现场报道中的细节描写可以生动客观地记录事件发生的过程,对彰显新闻事件和人物有着独特的作用。

对细节的真实记录,能够增强新闻的可信性。细节依据不同的表现形式,可以分为画面上的细节、声音上的细节、内容上的细节。这要求新闻工作者不断增强"脚力、眼力、脑力、笔力",在现场记录中充分调动视觉、听觉、触觉等感官,去发现和记录新闻现场与报道主题相关的细节。

另外,丰富有趣的细节呈现,还能够充分增强电视新闻的可看性。如果记者能够在报道中发掘并记录不同视点的生动细节,就会使电视画面更加活泼,新闻内容更为丰富饱满。

广西卫视《广西新闻》的一则电视消息《人退猴进 和谐共生》,就是抓住新闻现场有趣细节的典型案例。从新闻片段的 40 秒开始,画面呈现了新闻记者在现场捕捉到的猴子摘玉米、吃玉米的细节。这些细节不仅能够使新闻画面生动有趣,还能以此为基础结构整个报道,产生以小见大的效果,体现了人与自然和谐共生的新闻主题。值得一提的是,这则报道出自《广西新闻》的《新春走基层·强四力融合报道》专栏,是新闻记者在采访中夯实脚力,充分深入调研的成果。

[①] 刘剑、祁晓菁、李媛:《电视新闻现场采访的应对》,《新闻前哨》2012 年第 1 期。
[②] 陈永庆、满熠:《现场报道:电视新闻的重器》,人民出版社 2019 年版,第 171—172 页。

（二）记录过程中的关键环节

在新闻事件的过程记录中，关键环节是记录的要点。关键环节一般指新闻事件的转折点、高潮以及结果，对记录事件的完整过程十分重要，是电视现场报道中必不可少的。缺少了关键环节的报道就会缺少完整的逻辑，无法完成传递新闻信息的作用。

辽宁卫视《辽宁新闻》播出的一则消息《火情危急！19岁小伙用吊车救出14人》使用了关键环节的记录画面，取得了良好的传播效果。从15秒开始的新闻片段采用了手机拍摄的起火、住户获救场景。这些视频是对事件发生、发展过程和关键环节的记录，虽然出自居民的非专业设备拍摄，反而具有强烈的临场感和真实感。如果去除这些视频材料，单独使用记者后期实地采访的画面形成报道，就会丧失事件记录的完整性，同时，新闻的表现力也会大大减弱。这则电视消息对关键环节的记录，体现了当时火情的紧急和新闻人物的沉着勇敢，更好地以英雄故事传递正能量，唱响主旋律，引发了观众和网友的共鸣。

五、现场取材的两种意识

电视采访现场取材要求新闻生产者充分掌握声音、画面等现场素材的采集方法与技巧。在此之上，形成高质量的电视新闻报道还需要记者确立两种意识，即向未知取材的意识和随机结构的意识。以此来指导电视新闻采访的现场取材，可以提高现场取材和报道生产的效率和质量。

（一）向未知取材意识

电视现场稍纵即逝，不可逆转，事件发展的结果往往事先也无法预知，这一特征要求现场采访记者必须具备很强的向未知取材的意识，因为最有记录价值的亮点可能就在事件发展的下一刻。

文字采访可以等待事件进程有了结果后再完成稿件的撰写，而电视采访则有所不同，事件一旦结束就意味着失去了可以摄录的内容。例如，体育比赛现场的拍摄，理论上两方获胜夺冠的可能都是存在的，没有人能预知结果如何。记者要想完整记录事件，就不能空手等待结果的产生，而是在事件发生之前就开机拍摄。特别是突发事件发生后的现场，往往短时间内还会保留一些采访线索和可以记录的形象信息，此时保持开机状态进入现场，能够最大限度记录这些信息。因此,向未知取材、动态地记录镜头前正在发生的事件是电视记者唯一的选择。电视纪实的魅力也在于记者与观众一起去探求未知,这是电视媒介独特的真实感的来源之一。

(二)随机结构意识

结构是指成品节目中素材的排列顺序以及各种内在关系。完整的结构虽然最终体现在成品电视节目中,但实际上是由记者在采访的过程中不断调整和完善的。

在采访中酝酿、调整和完善结构是一项极为重要的采访能力,其中包含着许多技巧和基本原则,但最核心的一条是要按照生活自身的逻辑结构情节,调整报道主题,不能先入为主,用自己的想象代替生活的真实。

节目结构受到记者、编导对新闻事件以及对生活的理解的深刻影响,不可避免地具有一定的主观性。为了避免这种主观性影响新闻报道的客观真实,新闻记者不能过度依赖预先设定的主题和文稿,甚至按照文稿去"导演"和"设置"现场。尊重新闻现场,实事求是地反映新闻现场的真实情况,是新闻真实性原则的要求。只有在现场采访和报道中把握好这一原则,新闻记者才能够做好电视新闻报道,更好地承担社会责任。

思考题

1. 随着技术发展,电视采访现场的特征会发生变化吗?为什么?
2. 在电视新闻现场取材中,如何充分表现临场感?
3. 融媒体时代,社交媒体在电视新闻采访取材中发挥着什么作用?
4. 向未知取材意味着记者前往采访现场前不需要做准备吗?

图书在版编目(CIP)数据

广播电视采访与报道/徐明卿编著. —上海：复旦大学出版社，2023.3
云南大学新闻传播教材系列
ISBN 978-7-309-16731-3

Ⅰ.①广… Ⅱ.①徐… Ⅲ.①广播电视-新闻采访-高等学校-教材②广播电视-新闻报道-高等学校-教材 Ⅳ.①G222.1

中国国家版本馆 CIP 数据核字(2023)第 018849 号

广播电视采访与报道
GUANGBO DIANSHI CAIFANG YU BAODAO
徐明卿　编著
责任编辑/朱　枫

复旦大学出版社有限公司出版发行
上海市国权路 579 号　邮编：200433
网址：fupnet@fudanpress.com　http://www.fudanpress.com
门市零售：86-21-65102580　　团体订购：86-21-65104505
出版部电话：86-21-65642845
上海华业装潢印刷厂有限公司

开本 787×960　1/16　印张 9　字数 142 千
2023 年 3 月第 1 版
2023 年 3 月第 1 版第 1 次印刷

ISBN 978-7-309-16731-3/G·2470
定价：42.00 元

如有印装质量问题,请向复旦大学出版社有限公司出版部调换。
版权所有　侵权必究